btb

HANNS-JOSEF ORTHEIL

Glücksmomente

btb

Glücksmomente

Eine besonders genaue Leserin hat mich einmal darauf aufmerksam gemacht, dass es in meinen Romanen und Erzählungen ganz besondere Momente gebe, die sie als Glücksmomente verstehe. Es handle sich um Momente, in denen man beim Lesen innehalte, vom Buch aufschaue und einen glücklichen oder gelungenen Moment nachzuempfinden versuche. Glücksmomente seien Augenblicke einer besonders intensiven Gegenwart, und zwar für die Figuren, aber eben auch für den Leser.

Dieser Anstoß hat mich neugierig gemacht, so dass ich mich selbst gefragt habe, wo ich solche Glücksmomente finden und verorten würde. Auf keinen Fall konnten es flüchtige Emphasen sein, in denen die Figuren sekundenlang so etwas wie ein kurzes Glücksgefühl empfinden. Vielmehr suchte ich nach starken Momenten, in denen das Glück ein bestimmtes Zeitempfinden auslöste: das einer Gegenwart, in der Erinnerungen an die Vergangenheit und

Hoffnungen auf die Zukunft mitspielten. Die Gegenwart erschien in solchen Momenten so »besonders« und »leuchtend«, weil sie etwas Vergangenes einlöste und gleichzeitig auf etwas Zukünftiges verwies.

In Glücksmomenten mochten meine Figuren so etwas wie eine konturierte kleine Monade ihrer Biografie empfinden. Das verrinnende Leben nimmt eine Form an, es zeigt sich als räumliches und zeitliches Bild und damit als ein Porträt des Selbst: Jetzt, in diesem Moment, befinde ich mich genau h i e r und erlebe d i e s e n Moment als einen, den i c h gestalte und in dem ich mich aufgehoben fühle. Genau der oder die b i n ich. Und genau der oder die w i l l ich sein.

Solche Glücksmomente verdrängen die allgegenwärtigen Formen der Entfremdung für eine bestimmte Zeit. Sie erwecken die Illusion gelingenden, sich gut und folgenreich fortsetzenden Lebens. Kein Wunder also, dass selten von ihnen gesprochen wird. Wer möchte schon zugeben, sich an Illusionen zu orientieren oder vielleicht sogar zu klammern? Und wer möchte solche Momente schon ausführlich durchleuchten und dadurch in Kauf nehmen, dass sie sich verlieren oder in Luft auflösen?

In diesem Band habe ich versucht, Glücksmomente aus meinen Büchern zu sammeln und ihre

Anbahnung jeweils kurz zu intonieren. Dabei wollte ich vermeiden, die Schönheit der jeweiligen Illusion übertrieben deutlich auszumalen oder penetrant zu zergliedern. Vielmehr wollte ich die Fragilität solcher Momente erhalten, indem ich sie kurz beschwöre: Was ging ihnen voraus, wie nahmen sie Form an und welche Motive kamen dann »urplötzlich« zum Klingen?

Meine kurzen Vorbemerkungen und Hinführungen zu den einzelnen Texten sind daher als Präludien zu verstehen. Sie geben die Tonart und den Takt der Musik an, die dann voll und kontrapunktisch wie eine Fuge zu klingen beginnt. Präludien und Fugen stehen hier aber nicht um ihrer selbst willen. Sie verweisen die Leserin oder den Leser vielmehr auf die Suche nach Erlebnissen des eigenen Glücks. Insofern sind sie auch als Strategien zu verstehen, die etwas angehen und in Szene setzen. Glückssuche ist dann Teil einer philosophisch inspirierten Lebenskunst. Sie führt Schreiben, Lesen und Leben im besten Fall glücklich zusammen.

Hanns-Josef Ortheil
Stuttgart, Köln, Wissen an der Sieg,
im Frühjahr 2015

Das Glück der Ankunft

Gleich zu Beginn meines Romans »Die Erfindung des Lebens« erzähle ich von einem der stärksten Glücksmomente meiner Kindheit. Ich sitze auf dem Fensterbrett unserer Familienwohnung im Kölner Norden und warte auf die Ankunft meines Vaters. Den ganzen Tag habe ich damals als noch stummes Kind mit einer stummen Mutter verbracht. Jetzt aber, am späten Nachmittag, wird sich das ändern.

Aufgeregt und gespannt schaue ich über den ovalen Platz vor unserem Haus, den der Vater bald betreten und überqueren wird. Wenn ich seine Gestalt sehe, beruhigt sich alles in mir: Da ist er, mein Vater, er wird Mutter und mir helfen, er wird sich um uns und die vielen Dinge kümmern, alles wird sich finden und fügen, und kurz nach seiner Ankunft werden wir zu dritt in der Küche sitzen. Als wären wir eine ganz normale Familie. Als gäbe es nichts Bedrohliches.

So erschien mir die Ankunft meines Vaters jedes

Mal als ein erlösender Moment. Die tägliche Schwere fiel von einem ab, das Leben erschien wieder leichter und zugänglicher. Für diese Veränderung gab es ein sichtbares, deutliches Zeichen. Es war das Lachen meines Vaters, das sein Gesicht überzog, sobald er mich oben auf meinem Fensterbrett gesehen hatte. Lachend, beinahe vergnügt, kam mein Vater nach Haus, und lachend, beinahe vergnügt, umarmte ich ihn, sobald er unsere Wohnung betreten hatte.

Damals, in meinen frühen Kindertagen, saß ich am Nachmittag oft mit hoch gezogenen Knien auf dem Fensterbrett, den Kopf dicht an die Scheibe gelehnt, und schaute hinunter auf den großen, ovalen Platz vor unserem Kölner Wohnhaus. Ein Vogelschwarm kreiste weit oben in gleichmäßigen Runden, senkte sich langsam und stieg dann wieder ins letzte, verblassende Licht. Unten auf dem Platz spielten noch einige Kinder, müde geworden und lustlos. Ich wartete auf Vater, der bald kommen würde, ich wusste genau, wo er auftauchte, denn er erschien meist in einer schmalen Straßenöffnung zwischen den hohen Häusern schräg gegenüber, in einem langen Mantel, die Aktentasche unter dem Arm.

Jedes Mal sah er gleich hinauf zu meinem Fenster, und wenn er mich erkannte, blieb er einen Moment stehen und winkte. Mit hoch erhobener Hand winkte er mir zu, und jedes Mal winkte ich zurück und sprang wenig später vom Fensterbrett hinab auf den Boden. Dann behielt ich ihn fest im Blick, wie er den ovalen Platz überquerte und sich dem Haus näherte, er schaute immer wieder zu mir hinauf, und jedes Mal ging beim Hinaufschauen ein Lachen durch sein Gesicht.

Wenn er nur noch wenige Meter von unserem Haus entfernt war, eilte ich zur Wohnungstür und wartete darauf, dass sich die schwere Haustür öffnete. Ich blieb im Flur stehen, bis Vater oben bei mir angekommen war, meist packte er mich sofort mit beiden Armen, hob mich hoch und drückte mich fest. Für einen Moment flüchtete ich mich in seinen schweren Mantel, schloss die Augen und machte mich klein, dann gingen wir zusammen in die Wohnung, wo Vater den Mantel auszog und die Tasche ablegte, um nach Mutter zu schauen.

Das Erste, was er in der Wohnung tat, war jedes Mal, nach Mutter zu schauen. Wo war sie? Ging es ihr gut? Sie saß meist im Wohnzimmer, in der Nähe des Fensters, heute kommt es mir beinahe so vor, als habe sie in all meinen ersten Kinderjahren ununterbrochen dort gesessen. Kaum ein anderes Bild habe ich aus dieser Zeit so genau in Erinnerung wie dieses: Mutter hat den schweren Sessel schräg vor das Fenster gerückt und die helle Gardine beiseitegeschoben. Neben dem Sessel steht ein rundes, samtbezogenes Tischchen, darauf eine Kanne mit Tee und eine winzige Tasse, Mutter liest.

Oft liest sie lange Zeit, ohne sich einmal zu rühren, und oft schleiche ich mich in diesen stillen Leseraum, ohne dass sie mich bemerkt. Ich kauere mich leise irgendwohin, gegen eine Wand oder vor das große Bücherregal, ich warte. Irgendwann wird sie etwas Tee trinken und von ihrer Lektüre aufschauen, das ist der Moment, in dem sie auf mich aufmerksam wird. Sie schaut etwas erstaunt, ich schaue zurück, ich versuche, herauszubekommen, ob ich mich zu ihr ans Fenster setzen darf…

Manchmal ging es ihr damals nicht gut, ich spürte es bereits am frühen Morgen, weil sie alles in einer anderen Reihenfolge als sonst tat und sich zwischendurch häufig ausruhte. Dann hatte ich sie den ganzen Tag, vom frühen Morgen bis in die Nacht, im Blick. Meist aber beobachteten wir beide zugleich, was der andere jeweils gerade tat, denn wir beide, Mutter und ich, gehörten damals so eng zusammen wie sonst kaum zwei andere Menschen. Das jedenfalls glaubte ich fest, ja, ich weiß noch genau, dass ich manchmal sogar glaubte, nichts könnte uns beide je trennen, niemand, nichts auf der Welt.

Am frühen Abend aber kam Vater, und Vater gehörte noch hinzu zu uns beiden. Er war der Dritte im Bunde, er verließ die gemeinsame Wohnung am frühen Morgen und war oft den ganzen Tag lang in der freien Natur unterwegs. Vater arbeitete als Vermessungsingenieur für die Bahn, und wenn er am Abend nach Hause kam, schaute er zuerst, wie es um uns beide so stand. Nach dem Ablegen von Mantel und Tasche ging er hinüber zu Mutter, er beugte sich etwas zu ihr herunter und gab ihr einen Kuss auf die Stirn. Einen kleinen Moment hielt sie sich an ihm fest, und es sah so aus, als klammerten sich die beiden eng aneinander. Doch spätestens, wenn Vater zu sprechen begann, lösten sie sich wieder aus der kurzen Umklammerung und waren danach ein wenig verlegen, weil sie nicht wussten, wie es nun weitergehen sollte.

Meist stellte Vater dann einige kurze Fragen, *wie geht es Dir, ist alles in Ordnung, was gibt es Neues,* und Mutter reagierte darauf wie immer stumm, indem sie ihm den kleinen Packen mit Zetteln zuschob, die sie während des Tages beschrieben hatte. Die Zettel lagen neben der Kanne mit Tee auf dem runden Tisch, sie wurden durch ein rotes Gummi zusammengehalten und sahen aus wie ein kleines, fest geschnürtes Paket, das Vater zu öffnen hatte. Er steckte es zunächst aber nur in die rechte Hosentasche und ging dann, die Hand ebenfalls in der Tasche, ins Bad.

Die Tür des Badezimmers ließ er offen, so dass ich zusehen konnte, wie er zum Waschbecken ging, den Wasserhahn aufdrehte, etwas Wasser in die hohle Hand laufen ließ und zu trinken begann. Wenn er genug getrunken hatte, fuhr er sich mit beiden Händen mehrmals durchs Gesicht, manchmal schöpfte er auch noch ein zweites Mal Wasser, ließ es sich über den Kopf laufen, griff nach einem Handtuch und blickte kurz in den Spiegel. Meist schaute er sehr ernst in den Spiegel, viel ernster als er sonst schaute, dann fuhr er sich mit dem Handtuch über die Stirn und trocknete sich die Haare.

Nach Verlassen des Bades kam er gleich in die Küche und sah nach, ob es dort etwas zu erledigen gab, er musterte den großen Tisch, auf dem oft eine Zeitung oder die Post lag, beides rührte Mutter niemals an, ich habe sie ausschließlich Bücher lesen sehen, nichts sonst, keine Zeitung, auch sonst nichts Gedrucktes, höchstens einmal einen Brief, aber auch den nur, wenn sie wusste, wer ihn geschrieben hatte. Überhaupt hatte sie gegenüber allem, was sie in die Hand nehmen sollte, eine starke Berührungsangst. Als Kind hielt ich diese Vorsicht für etwas Normales und übernahm instinktiv etwas davon, wie Mutter blieb auch ich zu allem Neuen zunächst auf Distanz, ich umkreiste es, betrachtete es länger und genauer als üblich und brauchte meist erst ein Motiv oder etwas Überwindung, um mich bestimmten Gegenständen oder Menschen zu nähern.

Wenn Vater da war, war jedoch alles viel einfacher, ich war dann erleichtert, weil ich dann nicht mehr allein auf Mutter aufpassen musste. Immerzu befürchteten Vater und ich nämlich, es könnte ihr etwas zustoßen, obwohl ich selbst noch gar nicht erlebt hatte, dass ihr in meinem Beisein etwas Schlimmes zugestoßen war. Ich wusste aber, dass so etwas früher einmal passiert war, und ich wusste auch, dass es etwas ganz besonders Schlimmes gewesen sein musste. Mehr jedoch wusste ich noch nicht, ich kannte keine Details, und ich hörte auch niemals jemanden von dieser Vergangenheit sprechen, obwohl sie doch ununterbrochen gegenwärtig war. Gegenwärtig war sie dadurch, dass Mutter nicht sprach, gegenwärtig war die Vergangenheit in Mutters Stummsein.

Damals dachte ich mir, dass sie die Sprache irgendwann einmal verloren haben musste, wusste aber nicht, wann und wodurch das geschehen war. Eine Mutter, die immer sprachlos gewesen war, konnte ich mir jedoch nicht vorstellen, nein, so weit gingen meine Vermutungen nicht, schließlich erlebte ich ja jeden Tag, dass sie lesen und schreiben konnte, und folgerte daraus, sie habe neben Lesen und Schreiben auch einmal das Sprechen beherrscht.

Natürlich wäre es am einfachsten gewesen, jemanden danach zu fragen, das aber war nicht möglich, weil auch ich selbst kein Wort sprach, sondern stumm war wie meine Mutter. Mutter und ich – wir bildeten damals ein vollkommen stummes Paar, das so fest zusammenhielt, wie es nur ging. Ich hatte, wie schon gesagt, Mutter im Blick und sie wiederum mich, wir achteten genau aufeinander. Meist ahnte ich sogar, was sie als Nächstes tat, vor allem aber wusste ich oft, wie sie sich fühlte, ich spürte es sehr genau und direkt und manchmal war diese direkte Empfindung sogar so stark, dass ich ganz ähnlich fühlte wie sie.

Wenn Vater nach Hause kam, war sie zum Beispiel meist unruhig, sie stand nach der Begrüßung und nachdem Vater Wasser getrunken und den Kopf unter das Wasser gehalten hatte, auf, legte die Bücher beiseite und schaute nach, ob Vater sich nun auch der Zettel annahm, die sie während des Tages beschrieben hatte. Vater, Mutter und ich, die ganze Kleinfamilie Catt befand sich wenige Minuten nach Vaters Rückkehr zusammen in der Küche, wo Vater mit der Lektüre der Zettel und dem lauten Vorlesen all dessen begann, was Mutter vom frühen Morgen an aufgeschrieben und notiert hatte.

Dieses Zusammensitzen war ein Familienritual, wie alles, was ich gerade beschrieben und wovon ich erzählt habe, ein Ritual war: Mutters Lesen, mein Warten auf Vaters Heimkehr, sein Aufenthalt im Badezimmer und danach in der Küche. Wenn ich mich zurückerinnere, sehe ich dieses Ritual von Vaters Heimkehr in immer derselben Reihenfolge ablaufen, als hätte es eine geheime Vorschrift oder sogar ein Gesetz gegeben, dass alles genau so und nicht anders abzulaufen hatte. Wie Darsteller in einem Stück waren wir drei aufeinander bezogen, beinahe jeden Tag handelten wir in derselben Weise, und niemand von uns störte sich an dieser Wiederholung, sondern tat im Gegenteil alles dafür, dass alles so blieb.

Heute weiß ich, dass uns die Wiederholung beruhigte und dass sie unser merkwürdiges und gewiss nicht einfaches Leben ordnete. Jeder hatte seine Rolle und hielt sich genau daran, das gab uns eine kurzfristige Sicherheit und band uns eng aneinander. Wir drei waren sogar so eng miteinander verbunden, dass jeder von uns sofort in Panik geriet, wenn unsere Rituale durch irgendeine Kleinigkeit durcheinandergerieten. Meist kamen sie durch Einwirkungen von außen durcheinander, und meist taten wir dann beinahe zwanghaft und hektisch alles, um Störenfriede zu vertreiben oder auf andere Weise aus unserem Kreis zu verdrängen.

So war die Welt der Kleinfamilie Catt damals, in den frühen fünfziger Jahren des vergangenen Jahrhunderts, auf eine beinahe unheimliche Weise geschlossen, und jeder von uns wachte mit all seinen Sinnen darüber, dass sich daran nichts änderte.

Das Glück des frühen Abends

Noch heute erlebe ich beim Betreten von Kölner Brauhäusern oft einen ganz besonderen Glücksmoment, der seine Wurzeln in meiner Kindheit hat. Damals nahm mich mein Vater am frühen Abend häufig in ein solches Brauhaus in der Nähe unserer Wohnung mit. Was war das Besondere an diesen Räumen?

Zunächst einmal, dass sie weit und offen waren und die Gäste sich in ihnen gut verteilten. Dann das ununterbrochene Sprechen und Reden, ein dauerndes Murmeln, das oft von Tisch zu Tisch übersprang und von einem Köbes dirigiert, vervielfältigt und durchgespielt wurde. Das dauernde Murmeln beseitigte jede Resterinnerung an Einsamkeit, und der weite, offene Raum suggerierte, dass es in einem solchen Raum nichts Verhocktes, Stumpfes oder gar Verbocktes geben würde. Die Gesellschaft, die sich in solchen Räumen einfand, war vielmehr eine lebendige, in der die Einzelgänger und kleinen Gruppen jede Isolation schon bald aufgaben, um sich in den Chor der überall Murmelnden einzureihen.

Die meisten Gäste wirkten beim Hineinkommen denn auch gut gelaunt, als freuten sie sich auf das Wiedersehen mit anderen Gästen. So bekam man laute Begrüßungsrufe zu hören und ein Nachfragen danach, wie es den anderen denn heute Abend so gehe. Dieses Rufen und Nachfragen erschien mir wie ein Zeichen, dass alles gut und in Ordnung war. Man versicherte sich, dass der Weltenlauf trotz aller Störungen in der Welt weit da draußen in diesen Räumen immer gleich blieb: Man begrüßte sich, sagte kurz etwas über das jeweilige Befinden, trank das erste Glas Kölsch und hob danach Glas für Glas langsam ab. Hinauf in ein Fantasieren, Schwadronieren und Träumen. Weg von den aufdringlichen Alltagsproblemen. Dorthin, wo alles wieder luftig und möglich war.

Vom Kiosk mit den vielen Zeitschriften aus gingen Vater und ich dann oft weiter zu einem nahe gelegenen Wirtshaus, *jetzt kehren wir ein!*, sagte Vater mit einer spürbaren Vorfreude, und dann betraten wir den Vorraum des großen Brauhauses, das *Zum Kappes* hieß, ja im Ernst, es hieß wirklich so. Anfangs hatte ich nicht verstanden, was das heißen sollte, ich hatte nur manchmal gehört, dass jemand behauptete, etwas sei Kappes, womit er doch anscheinend sagen wollte, etwas sei Unsinn oder der reine Blödsinn. Hieß also das Wirtshaus vielleicht so, weil man dort viel Unsinn oder Blödsinn machte?

Erst nach einer Weile hatte ich verstanden, dass mit dem Wort *Kappes* die Unmengen von Kohl gemeint waren, die in diesem Wirtshaus auf großen Tellern zusammen mit dicken, schwitzenden Würsten serviert wurden. Der Geruch von Kohl und Wurst empfing einen auch gleich in dem kleinen Vorraum mit all seinen Stehtischen und den dicht gedrängt um die Tische herumstehenden Männern, zwischen denen wir uns einen Platz suchten. Kaum hatte man den gefunden, kam auch schon ein Mann in einem blauen Wams und einer Lederschürze vorbei, der von den Gästen *der Köbes* genannt wurde. Der Köbes brachte dem Vater in Windeseile ein Kölsch, alle Gäste in diesem Vorraum tranken Kölsch, eins nach dem andern und meist sehr rasch, auf einen Zug.

Dieses rasche und ununterbrochene Trinken beobachtete ich genau, ich schaute zu, wie die vielen feuchten Münder sich immer wieder einen kleinen

Spalt öffneten, damit der kurze goldgelbe Strahl mit der dünnen, schwankenden Schaumkrone hineinschießen konnte, es handelte sich eigentlich nicht um ein Trinken, sondern eher um ein Stillen, *den Durst stillen*, so nannten es oft die Männer, und so war es denn auch, ein einziges Leersaugen der kleinen Kölsch-Stangen, ein einziges Zucken und Zittern der leicht geöffneten Lippen, in Erwartung des nächsten Glases.

Waren schon diese Vorgänge faszinierend genug, so waren die Unterhaltungen es noch mehr, beruhten sie doch auf der Kunst, alle Anwesenden beinahe gleichzeitig in ein einziges großes Gespräch zu verwickeln. Mit offenem Mund lauschte ich, wie sich die Trinkenden zu zweit, zu dritt, über den Kopf des Gegenübers hinweg, durch das ganze Lokal unterhielten, selbst der Mann, der das begehrte Kölsch aus den Kölschfässern zapfte, murmelte ununterbrochen etwas, begrüßte die Neuankömmlinge mit Namen, antwortete auf ein paar Wortfetzen, die er aufgeschnappt hatte, und legte mit einer kurzen, trockenen Bemerkung nach.

Durch diese ununterbrochene Unterhaltung entstand ein höllischer Lärm, der bald hier, bald da lauter wurde, sich verdichtete, kurz verebbte und dann an den Rändern des Vorraums wieder zunahm, das Ganze glich einer gewaltigen Wortwoge, die in immer neuen Schüben durch den Raum rollte, sich brach, sich wieder aufbäumte und schließlich überschlug. Vater aber beteiligte sich an dieser Woge nicht durch lang ausholende Beiträge, sondern eher durch Nachfragen, kurze Sätze und Bestätigungs- oder Anfeuerungsrufe, vor allem aber hatte er eine Eigenheit, die oft wie eine Krönung der gesamten Wortmusik wirkte, indem es sie zu einem Höhepunkt oder Abschluss brachte: Vater lachte. Es war kein lautes, sondern ein herzliches Lachen, es war, wie ich einmal gehört hatte, *ein Lachen aus voller Brust*, das von tief innen kam und heranrollte, als säße in diesem tiefen Innern ein tagsüber eingesperrter Fremder, der sich nun endlich nach Kräften austoben durfte.

In der Wirtschaft konnte ich Männer beobachten, die andere unaufhörlich zum Lachen brachten, selbst aber wenig lachten, es gab auch die, die nur kurz lachten und dann rasch wieder ernst wurden, niemand aber brachte so wie der Vater die anderen bereits dadurch zum Lachen, dass er einfach nur lachte. Dieses mir manchmal durchaus unheimliche Lachen war eine Angewohnheit, die ich auch sonst oft an Vater beobachten konnte. Begegneten wir zum Beispiel auf der Straße einem Bekannten, so dauerte es nicht lange, bis Vater lachte und auch sein Gegenüber zum Lachen gebracht hatte, es schien ganz einfach, er lachte alles Befremdliche und Steife weg, und wenn ihm jemand besonders gehemmt oder gar schwierig daherkam, imitierte er ihn ein wenig und lachte.

Es hätte Menschen geben können, die ihm das sehr übel genommen hätten, das kam aber nicht vor, die meisten waren vielmehr erleichtert, von Vater so munter und aufgeräumt angesprochen zu werden, als gäbe es in der Welt nichts Schwieriges oder Unlösbares, sondern als bildeten sich die anderen so etwas nur ein. Eine Verkäuferin hatte Vater deswegen einmal eine *Frohnatur* genannt, *Sie sind eben eine richtige Frohnatur*, hatte sie zu ihm gesagt und mir dadurch wieder einmal etwas zum Grübeln gegeben.

Wieso, fragte ich mich, war Vater denn eine solche Frohnatur? Wieso lachte er bereits, wenn ich meinen Roller aus dem Keller geholt hatte und losfuhr? Was war an diesem Losfahren denn bloß so komisch oder befreiend, dass man darüber lachen konnte? Vielleicht, dachte ich damals, war Vater oft so munter und gelöst, weil Mutter das genaue Gegenteil war, vielleicht wollte er in unser Leben etwas Leichtigkeit hineinbringen, während Mutter weiß Gott keine Person war, die irgendetwas leicht zu nehmen verstand.

Jedenfalls mochte ich meinen Vater sehr, nicht nur wegen seines befreienden Lachens, sondern auch, weil er mich niemals tadelte oder schimpfte oder zu etwas aufforderte, was ich nicht gern getan hätte. Vater und ich – wir verstanden uns gut, auch ohne das ununterbrochene, korrigierende und besserwisserische Reden, das andere Eltern auf ihre Kinder niederregnen ließen. Dabei spielte auch eine Rolle, dass mir Vaters Kleidung gefiel. Immer war er anders und gut gekleidet, er trug Kleidung, die zur jeweiligen Jahreszeit passte, und überlegte sich sehr genau, was er anzog. Oft trug er ein frisches, weißes Hemd und eine Fliege, er besaß sehr viele Fliegen, sie baumelten in einer langen Kette an der Innentür des Kleiderschrankes, und manchmal holte ich mir zwei, drei von der Schnur und probierte sie an, als wollte ich für ein paar Minuten hineinschlüpfen in die Rolle des Vaters.

In der Gegenwart eines so großen und stattlichen Mannes hatte ich keine Angst, auch in der lauten Wirtschaft, in deren Vorraum sich niemals andere Kinder aufhielten, hatte ich keine, ich war Vater vielmehr dankbar, dass er mich dorthin mitnahm und so wenigstens für kurze Zeit einmal unter Leute brachte. Die trinkenden Männer ließen mich ohnehin in Ruhe, niemand sprach mich an und brachte mich damit in Verlegenheit, es kam höchstens vor, dass einer von ihnen auf die Toilette verschwand, mir beim Vorbeigehen kurz übers Haar strich und fragte, wie es mir gehe. Eine solche Frage war aber nicht ernst gemeint, das konnte ich schon daran erkennen, dass der Frager nicht auf eine Antwort wartete, sondern einfach weiterging, als genüge die Frage vollkommen und als erwarte er überhaupt keine Antwort.

Und so stand ich denn an vielen Abenden unter den trinkenden und sich laut unterhaltenden Männern, blätterte in einer Zeitschrift, lauschte den vielen Stimmen und träumte, dass ich von all den Speisen kosten dürfe, die aus der Küche an den trinkenden Männern vorbei in den eigentlichen Gastraum gebracht wurden. Die meisten Gäste bestellten die dicken, schwitzenden Würste, dazu etwas Sauerkraut und Püree, das Sauerkraut dampfte leicht, und die Würste sahen prall und fest aus, während das Püree cremig, als ein kräftiger, hell leuchtender Farbklecks am Rand des Tellers lag.

Ich träumte, dass ich mit den Eltern im Gastraum saß und mir aus den kleinen Tontöpfchen, die auf den blank gescheuerten Tischen standen, etwas Senf nahm, ich träumte, dass ich eine Portion Sauerkraut auf einer kleinen Gabel balancierte und langsam in den Mund führte, und ich träumte davon, einmal von Vaters Kölsch nippen zu dürfen, um endlich zu erfahren, ob es wirklich das beste Getränk der Welt war und so unglaublich gut und frisch schmeckte, wie die Männer um mich herum immer wieder behaupteten.

Das Glück eines Sonntagmorgens

Sonntagmorgens zog es meine Eltern meist an den Rhein. An seinem Ufer entlang gingen wir bis zu den Portalen des Doms und dann hinein in den gewaltigen, meist recht kühlen Bau. Oft läuteten während unseres Wegs die Domglocken, als begleiteten sie unseren Weg und spornten uns an, nicht zu spät zu erscheinen.

Den Aufenthalt im Dom während eines Gottesdienstes empfand ich als eine ganz besondere Zeit. Auch hier befand ich mich im Kreis einer großen Gesellschaft, doch – anders als in einem Brauhaus – war es keine Gesellschaft murmelnder Chöre, sondern eine der großen Lieder und Gesänge. Dass viele Menschen zusammen dasselbe Lied sangen, war ein ganz besonderes Glück, das eine Illusion von Einigkeit und Beständigkeit vermittelte. Als wollten all diese Sängerinnen und Sänger sich vergewissern, dass sie zusammengehörten und – trotz aller Unterschiede – in einem starken Glauben zusammenstanden.

Das mächtige Singen beruhigte und mündete immer wieder in Momente der Ruhe und Stille. Alle knieten, niemand sprach noch ein Wort. Der ganze Dom erschien wie ein großes Gehäuse des Schweigens, in dem jeder einzelne Gläubige seinen eigenen Gedanken nachhing. Um danach, beim Aufstehen, diese Gedanken wieder fallen zu lassen und sich daran zu erinnern, dass er ja nicht allein, sondern einer unter Vielen war.

Die Vielen sangen und beteten laut. Am Ende des Gottesdienstes sangen und beteten sie sogar besonders laut. Und danach strömten sie munter und oft beschwingt aus der Kirche, als ginge es ihnen wahrhaftig besser als beim Hineingehen.

Alle paar Sonntage in den Dom zu gehen – das war in jenen Kinderjahren eines der Erlebnisse, die mich gewiss am stärksten geprägt haben. Es begann damit, dass wir zu dritt am Rhein entlanggingen, die Eltern zu zweit und ich oft auf dem Roller, ihnen voraus. Schon von Weitem waren die mächtigen Domglocken zu hören, ihr schwerer Klang füllte das ganze Rheintal und zog einen wie magisch in die Nähe des hohen, schwarzen Gebirges aus Stein, das auf einer kleinen Anhöhe stand, zu der man über viele Stufen hinauf gelangte.

Ich weiß noch genau, wie sehr ich damals bei jedem Betreten des Kirchenraums erschrak, denn sofort nach Passieren des großen Portals ging der Blick ja hinauf in die schwindelerregenden Höhen, an den Pfeilerbündeln und bunten Kirchenfenstern entlang. Ich blieb stehen und wusste nicht weiter, so wie mir erging es aber den meisten Besuchern, sie blieben stehen und schauten eine Zeit lang in die Höhe, als müssten sie zunächst einmal Maß nehmen und sich auf diese den Körper überwältigenden Größenverhältnisse einstellen.

Hinzu kam eine plötzliche, heftige Kühle, es war, als hauchte einen diese eisige Kühle von den Pfeilern und grauen Steinen her an und als bliesen all diese Steine einem ihren jahrhundertealten, leicht modrigen Atem entgegen. Etwas Säuerliches, Bitteres war in diesem Atem, etwas, das einen zurückschrecken und hilflos werden ließ, man wusste nicht genau, ob man in diesem Bau denn auch willkommen war, so viel Fremdheit und Strenge begegneten einem.

Da war es gut, dass der Vater dabei war, denn mein Vater nahm mich meist an der Hand und ging dann mit mir voraus, wir bahnten uns einen Weg durch das rechte Seitenschiff, wo die Menschenscharen bereits dicht gedrängt standen. Nahe der Vierung warteten wir auf meine Mutter, die sich am liebsten gleich nach dem Betreten des Doms in eine der hinteren, noch leeren Bankreihen gesetzt hätte, das jedoch kam für Vater nicht in Frage, er wollte jedes Mal weit nach vorn, in die Nähe des Hauptaltars, die Weihrauchwolken, die während des Gottesdienstes von dort durch das Kirchenschiff zogen, sollten uns erreichen und einhüllen wie schwere Gewänder.

Erst im rechten Querschiff, ganz in der Nähe der Vierung, knieten wir uns in eine Bank, und mein Blick schoss wieder hinauf in das hohe Gewölbe über dem Hauptaltar, wo es eine winzige, helle Öffnung gab, durch die das Sonnenlicht hineinströmen konnte. Ich glaube nicht, dass jemand sonst diese Öffnung bemerkte, sie war eines der vielen Details, wie sie nur Kindern auffallen, ein winziges, kreisrundes, helles, das Sonnenlicht einatmendes Loch, das Schlupfloch des großen Gottes, der in diesem Dom sein eigentliches Haus und in die kleineren Kirchen seine Stellvertreter, seine Jünger und Heiligen, vor allem aber die Gottesmutter geschickt hatte, damit sie einen vorbereiteten für das Schwierigste, dafür, seine Größe zu ertragen und vor ihm zu bestehen.

Bis der Gottesdienst begann, dauerte es dann meist noch einige Zeit, das machte aber nichts, denn in der Zeit bis zu seinem Beginn hatte ich viel damit zu tun, mir alles in meiner Nähe anzuschauen, die Heiligenfiguren an den hohen Pfeilern, den mächtigen, goldenen Schrein im Chor oder die vielen brennenden Kerzen in der Nähe des Altars mit einem großen Bild der schönen Maria.

Schließlich aber war es so weit, ein feines, helles Glöckchen meldete sich, und dann standen alle rasch, mit einer einzigen entschlossenen Bewegung auf, und die Orgel begann etwas sehr Lautes zu schmettern, unglaublich laut brauste ihr Klang, als rauschten viele Engel zugleich mit ihren Flügeln und sausten wie im Sturm zwischen den Pfeilern hindurch, hinauf, bis unter das Dach und pfeilschnell an den bunten Fenstern aus Glas vorbei, die ich so gerne betrachtete.

Vom Eingang der Kirche, also von dort, wo jetzt eine unübersehbare Menge von Menschen stand, näherte sich dann die lange Schar der rot-weiß gekleideten Ministranten, die kleinen voran, die großen hinterher, dann aber kamen die Priester, viele Priester, und endlich der Erzbischof, ein älterer, die Menschen unablässig segnender Mann mit einem Hirtenstab in der Hand. Die Orgel schmetterte noch eine Weile und trieb die Engelsscharen zu immer schnelleren Flügen an, dann aber brach ihr Klang von einem auf den andern Moment zusammen, und es war sekundenlang still.

Während dieses erschreckend plötzlichen, stillen Moments holte ich meistens tief Luft, die rasenden Engel waren verschwunden, jetzt kam alles ein wenig zur Ruhe, denn jetzt war der Chor dran, nur wenige Stimmen, anfangs kaum hörbare, dann aber immer deutlicher werdende Stimmen. Ich wusste längst, was sie sangen, ohne dass ich den Text verstanden hätte, im Dom wurde in seltsamen Sprachen gesungen und gebetet, Bruchstücke der Gebete hätte ich nachsprechen können, am liebsten aber hätte auch ich mit den anderen gesungen.

Statt meiner sang aber nur der Vater, jedes Mal wartete ich darauf, dass er zu singen begann, denn er sang lauter und kräftiger als alle anderen Gläubigen in unserer Nähe, was mich immer wieder so sehr erstaunte, dass ich ihn jedes Mal einen kurzen Moment lang anschaute. War das wirklich der Vater, der da so laut sang?

Ich schaute genau hin, um mich zu überzeugen, ja, es war der Vater, das aber war jedes Mal schwer zu verstehen, denn der laut singende Mann hatte eine ganz andere Stimme als die, die Vater sonst hatte. Es war eine tiefe, beharrliche Stimme, es war, als träte sie langsam, wie eine ernste Gestalt, aus einem dunklen Raum hervor, denn sie begann leise und vorsichtig, um sich dann von Ton zu Ton immer lauter zu steigern. *Wunderschön prächtige, hohe und mächtige, liebreich holdselige himmlische Frau …* – so ein Lied für die schöne Maria sang der Vater, nach einem kurzen Anlauf stieg seine Stimme in die Höhe und hörte sich schließlich beinahe an wie eine Fanfare.

Ich wäre über Vaters Stimme nicht weiter verwundert gewesen, wenn er auch sonst, zu einem anderen Anlass, einmal laut und kräftig gesungen hätte, er sang aber sonst niemals irgendein Lied, ja er summte nicht einmal eine Melodie vor sich hin. Im Dom aber sang er urplötzlich wie ein großer, mächtiger Sänger, der die anderen Gläubigen mit seinem Gesang ansteckte, so dass auch sie sich bald etwas trauten und lauter sangen als gewöhnlich.

Überhaupt war es schön, dass die Menschen während eines Gottesdiensts so viel gemeinsam und meist auch noch dasselbe taten, endlich redeten sie nicht ununterbrochen, sondern nur dann, wenn sie darum gebeten wurden, und endlich bewegten sie sich auch nicht laufend von einer Stelle zur andern, sondern hielten es eine Zeitlang singend und betend auf einem einzigen Platz aus.

Singen und Beten, beides mochte ich sehr, im Stillen sang und betete ich ja mit und stimmte ein in das, was nun alle sangen und beteten, dadurch aber machte ich endlich einmal etwas mit den anderen Menschen zusammen und befand mich nicht mehr im Abseits, nahe einer Laube oder ganz allein mit der Mutter, am Ufer des Flusses.

Im Dom gehörte ich vielmehr dazu, ich gehörte zu all diesen laut singenden und betenden Menschen, niemand fragte mich aus, sprach mich an oder behauptete, dass ich *ein armes Kind* sei, denn im Dom gab es überhaupt keine armen Kinder, sondern nur Gotteskinder, jedenfalls nannte der Erzbischof die Gläubigen so. Ein Gotteskind zu sein, war für mich also die eigentliche Erlösung und einer der schönsten Zustände überhaupt, deshalb bemühte ich mich im Dom auch sehr, alles richtig und so wie die anderen zu machen.

Die einzige Störung des Gottesdiensts, die jedes Mal nur schwer zu ertragen war, war die Predigt. Von Anfang, vom Stürmen der Orgel und den leisen Gesängen des Chores, an, war der Gottesdienst etwas Feierliches, Festliches, wenn aber die Predigt kam, war es für eine Weile aus mit der Feierlichkeit. Die Predigt störte mich nicht deshalb, weil ich nicht alles verstand, sondern vor allem, weil überhaupt so lange geredet und alles erklärt wurde. Musste denn alles, aber auch alles, beredet und umständlich erklärt werden? Selbst der sonst aufrecht und gerade dasitzende Vater sackte während der Predigt immer ein wenig müde und gelangweilt in sich zusammen, während die Mutter das Predigen erst gar nicht aushielt und in einem Gebetbuch zu lesen begann.

Nach der Predigt musste man erst wieder in den Gottesdienst hineinfinden. Eine Weile sangen und beteten alle etwas leiser und gedämpfter, und erst wenn das große *Heilig, heilig, heilig, heilig ist der Herr. Heilig, heilig, heilig, heilig ist nur Er*… gesungen wurde, hatte der Vater seine mächtige Stimme wiedergefunden und sang wieder so laut, dass ich durchatmen konnte.

Solche festlichen, oft bis zu zwei Stunden dauernden Gottesdienste endeten mit dem erzbischöflichen Segen und der lakonischen lateinischen Formel *Ite missa est* (so geht nun hinaus, die Messe ist vorbei). Danach verbeugte man sich noch einmal kurz, und der Organist spielte ein letztes, jubelndes, die Festscharen aus dem gewaltigen Gebäude mit Schwung hinausfegendes Stück. Wie betört flog man ins Freie, auf windiges, unwirtliches Terrain, wo man es nicht lange aushielt.

Die Zeremonie hatte einen verwandelt, vom ersten Musikstück an nahm sie einen gefangen und richtete den Blick aus auf die langsamen Bewegungen der Geistlichen am Hochaltar. So war der Blick für Stunden fixiert, und während man jede Einzelheit genau verfolgte, die sich dort als eine heilige Handlung vollzog, rückte einen die Musik immer näher heran an das Geschehen. Das laute Singen, das deklamierende Beten – sie machten aus dem schmächtigen, unsicheren Kindskörper einen erregten, gebannten Körper für die großen Momente.

Im Dom lernte ich also das eigentliche Sehen und Hören, ein Sehen von schönen Gebärden und kunstvollen Gestalten, ein Hören der reinsten Musik, einer Chormusik ohne Begleitung, oft einstimmig. Sie füllte den Kindskörper aus und machte ihn zu ihrem Widerpart, es war, als gösse der gewaltige Gott diese Musik in einen hinein, damit man allen Kummer und alle Sorgen zumindest für die Dauer des Gottesdienst vergaß.

Danach aber war Mittag, und zu einem sonntäglichen Mittag gehörte ein Mittagessen in einer der Wirtschaften ganz in der Nähe des Doms. Nur selten habe ich erlebt, dass wir an einem Sonntag zu Hause gegessen haben, eine gewisse Leere fiel einen in solchen Fällen an, etwas Lähmendes, Erstickendes, als wäre man gar nicht zu Hause oder als wäre man geschlagen mit schlechter Laune.

Zum Mittagessen in einer Wirtschaft dagegen nahm man die gute Laune, die einen nach jedem Besuch eines Gottesdiensts beflügelte, einfach mit. Wir saßen zu dritt an einem kleinen, festlich gedeckten Tisch und bestellten jeden Sonntag dasselbe: Rheinischen Sauerbraten oder Saure Nierchen oder Kassler mit Sauerkraut. Mit jedem Bissen nistete sich die Müdigkeit ein wenig mehr in uns ein, doch wir taten, als wären wir hellwach und munter.

Vater erzählte, was er während der Woche bei seinen Fahrten in die nähere Umgebung alles erlebt hatte, und seine beiden stummen Begleiter aßen dazu mit langsamen Bewegungen, in der Vorfreude darauf, dass alles am Nachmittag weiter und weiterging, das Spazierengehen, das Rollerfahren, das gefahrlose und unbefragte Dasein, in Begleitung eines starken Beschützers …

Das Glück des Aufbruchs 1

Im Sommer 1963 war ich als damals fast zwölfjähriger Junge mit meinem Vater an der Mosel unterwegs. Während einer Wanderung von Koblenz nach Trier machte ich mir laufend Notizen und schrieb sie nach unserer Rückkehr nach Köln zu einer Reiseerzählung um.

Am 25. Juli 1963 kamen wir in dem kleinen Moselort Hatzenport an. Dort erlebte ich zum ersten Mal in meinem Leben eine Fahrt mit einer Fähre: hinüber, ans andere Ufer, und wieder zurück, und das alles allein. Der Glücksmoment stellte sich nicht schon zu Beginn der Fahrt ein. Er baute sich vielmehr erst langsam auf und hatte dann mit einem ersten Gefühl von Stärke, Selbständigkeit und Autarkie zu tun.

Plötzlich empfand ich es als ein Glück, auch einmal etwas ohne meinen Vater zu erleben. Ich erlebte und spürte, dass ich es k o n n t e: Es klappte, es ging auch ohne ihn, und nach der Fahrt mit der Fähre hatte ich ihm sogar ein Erlebnis voraus. Aus dieser Empfindung resultierte der kleine Stolz, etwas Besonderes geschafft zu haben.

Genau dieser kleine Stolz schlich sich in den Text der Postkarte ein, die ich meiner Mutter dann am Abend dieses Tages schrieb. Er handelte davon, dass ich den Glücksmoment schon vermisste und am liebsten immer wieder auf einer Fähre (und allein) hin und her gefahren wäre. So erträumte sich der Junge eine Zukunft, in der er vielleicht auch ohne die Hilfe des Vaters Großes erleben könnte.

Diesmal hätte er mir alles ja auch gleich erklären können, doch wir kamen gerade in Hatzenport an, und in Hatzenport standen vor dem Winzerhaus viele Männer und unterhielten sich, und da ging Papa sofort zu ihnen, und im Handumdrehen unterhielt sich Papa mit den Männern. Als er aber sah, dass ich allein herum stand und nicht so recht wusste, was ich tun sollte, fragte er die Männer »Womit könnte der Junge sich denn mal beschäftigen?«, und die Männer antworteten, ich könne doch eine Fahrt mit der Fähre zum anderen Ufer unternehmen, hin und zurück, das dauere etwa eine halbe Stunde. Papa hielt das für einen sehr guten Vorschlag, und so ging er mit mir hinunter zur Fähre, gab mir etwas Geld und sagte, dass ich allein hinüber ans andere Ufer fahren und dann mit der Fähre wieder zurück kommen solle. Ehrlich gesagt, hatte ich Angst, allein mit der Fähre zu fahren, aber ich sagte nichts, und so hielt ich das Geld fest in der rechten Hand und wartete darauf, dass die Fähre anlegte, und ich ging dann auch auf die Fähre, obwohl sie ziemlich stark hin und her schwankte. Papa winkte, und dann legte die Fähre ab, und ich fuhr allein hinüber zum anderen Ufer, Papa aber ging zurück zu den anderen Männern am Winzerhaus.

Auf der Fähre fahren
Auf einer Fähre steht man ganz still, während der Fluss unter einem durchläuft.
Die Menschen, die auf einer Fähre fahren, schauen fast alle zum anderen Ufer.
Der Fährmann trägt eine dunkle Kappe und ist vom vielen Fahren auf dem Fluss und den vielen Sonnenstrahlen ganz braun.

Ich hatte ziemliche Angst und hielt mich an einem Geländer fest, die Fähre ruckelte und fuhr sehr langsam, und ich habe einen Moment die Augen geschlossen und fest gebetet »Lieber Gott, lass mich heil drüben am anderen Ufer ankommen!« Dann habe ich die Augen wieder geöffnet, und vor mir stand der Mann, der einem das Geld für die Fahrt abnimmt, und ich habe ihm etwas Geld gegeben, und er hat mir etwas Geld zurückgegeben. Als wir das hinter uns hatten, hatte ich aber plötzlich kaum noch Angst, ich konnte sogar ganz ruhig auf den Fluss schauen, und so tat ich das auch: Ich schaute auf den Fluss.

Die Farben der Mosel

Die Mosel ist grünblau und grünbraun, an den Rändern aber eher grün.

In der Mitte ist die Mosel wie ein dunkler, stiller Teich, fett und dunkelgrün und unheimlich.

Die Ufer spiegeln sich in der Mosel, dort zerfließen die Farben wie Wasserfarben auf meinen Schulbildern.

Ich wäre gern einmal von der Fähre aus in die Mosel gehüpft, in der Mitte, wo sie voller Wolkenbilder ist.

Ich hätte mich auf dem Rücken ein Stück mit der Mosel treiben lassen und hätte in den Himmel geschaut.

Am anderen Ufer waren viele Häuser zum Kaffeetrinken, ich ging ein wenig an all diesen Häusern vorbei, dann aber ging ich zur Fähre zurück und setzte mich ans Ufer. Ich fand es plötzlich sehr schön, am Ufer zu sitzen und auf die Mosel zu schauen, ich hatte überhaupt keine Angst mehr, nein, ich freute mich auf die Rückfahrt. Als die Fähre dann wieder anlegte, ging ich auch ganz ruhig und sicher an Deck, ich hatte ja bereits für die Rückfahrt bezahlt, deshalb brauchte ich nicht mehr zu bezahlen, sondern konnte mir weiter die Farben der Mosel und ihre bunten Wasserfarbenspiegelbilder anschauen. Die Fähre ruckelte auch nicht mehr so wie während der ersten Fahrt, sie glitt ruhig und still durch das Wasser, und am anderen Ufer stand Papa und winkte, und ich winkte zurück.

Ich war etwas stolz, dass ich es geschafft hatte, allein mit der Fähre zu fahren, aber ich sagte nichts, sondern erzählte Papa nur, wie es drüben, auf dem anderen Ufer, aussah. Papa aber erzählte von seinen Gesprächen mit den Winzern und davon, was er alles über den Weinanbau erfahren hatte, ich habe nicht alles verstanden, aber das war nicht schlimm, denn ich hatte den Kopf sowieso sehr voll von meiner Fahrt mit der Fähre allein hinüber zum anderen Ufer. Wir wanderten dann zusammen weiter nach Moselkern, in Moselkern hatte Papa Bekannte, bei denen wir übernachteten, wir übernachteten also nicht in einem Hotel oder einer Pension, sondern, wie Papa sagte, in einem »Privatquartier«. Das Privatquartier war ein helles, schönes Haus mit einem großen Garten davor, und in diesem Haus wohnte die Familie B., Herr B., Frau B. und ein kleines Kind. Sie begrüßten uns, und dann bekamen wir ein Zimmer mit Blick auf die Mosel, und dann legten wir uns eine halbe Stunde zum Ausruhen aufs Bett.

Das Privatquartier

Ein Privatquartier ist eine richtige Wohnung, in der eine Familie wohnt.

Im Zimmer des Privatquartiers hört man die Familie wohnen, direkt nebenan.

Will man im Privatquartier auf die Toilette, muss man durch den Flur der Wohnung. Dann spricht die Familie, die in der Wohnung wohnt, einen an und sagt einem, wo die Toilette ist. Kommt man von der Toilette zurück, spricht einen die Familie wieder an. Das ist anstrengend.

Papa hatte ausgerechnet, dass wir über zwanzig Kilometer gelaufen waren, das Ausruhen war also in Ordnung. Eigentlich aber ruhe ich mich nicht gerne aus, ausruhen ist langweilig, deshalb ruhte ich mich auch etwas kürzer als Papa aus und schrieb lieber eine Karte an Mama und ging dann noch einmal nach draußen, vor das helle Haus, und schaute mir an, wie die Leute auf ihren Fahrrädern an der Mosel entlang fuhren.

Postkarte 5
Liebe Mama, ich bin heute allein mit einer Fähre von einem Ufer der Mosel zum anderen und wieder zurück gefahren. Anfangs hatte ich etwas Angst, zum Schluss aber hatte ich gar keine Angst mehr. Das Fahren mit der Fähre geht leider sehr schnell, am liebsten würde ich immer wieder hin und zurück fahren, bis ich es leid wäre. Das würde dann aber wohl ein paar Stunden dauern. Eine gute Nacht wünscht Dir
Dein Bub

Das Glück des Aufbruchs 2

Die letzten Jahre der Schulzeit erlebte ich in Mainz. Von meinem Gymnasium zum Rhein war es ungefähr so weit wie vom früheren Kölner Wohnhaus meiner Familie bis zu seinem Ufer. Auch in Mainz bin ich alle paar Tage dorthin gegangen, habe mich auf den Treppen hinunter zum Fluss mit Schulfreunden aufgehalten oder bin allein am Rhein entlanggelaufen. Schon der kurze erste Blick auf die dahinströmende Flut löste oft ein Glücksgefühl aus, das mit einer plötzlichen Empfindung von Bewegung, Weite und Freiheit verbunden war.

In meinem ersten Roman hat die Hauptfigur, der junge Fermer, gerade die Schulzeit hinter sich. Er ist zum Wehrdienst eingezogen worden, kommt mit dem täglichen Drill und den Lebensbedingungen in der Kaserne aber nicht zurecht. An einem Vorfrühlingsabend geht er in ein paar freien Stunden eher zufällig am Rhein entlang. Noch während dieses Gangs stellt sich ein starker Glücksmoment ein:

Fermer beginnt zu laufen, ja, sogar zu singen – und dann reicht die Ufergegend nicht mehr aus, um diesen Glücksmoment zu erhalten oder zu steigern. Also treibt es ihn über die nächste Rheinbrücke hinüber in eine ganz andere Welt.

Für den jungen Fermer ist dieser Weg ein lebensentscheidender Aufbruch: Weg von den Lagern und Erziehungsstätten der Erwachsenen – hinein in eine eigene, erst noch zu gestaltende Zukunft. Als ich diese Szene des Romans erfand und schrieb, dachte ich an die vielen Stunden, die ich in Köln und Mainz immer wieder am Rhein verbracht hatte. Alle Details hatte ich genau vor Augen: die Schiffe, die Ufergegenden, die Brücke, die Farben des Wassers… Und so schickte ich mit dem jungen Fermer auch mich selbst auf die Reise, von den Ufern des Rheins aus in eine offene Zukunft…

An einem Vorfrühlingsabend kehrte der junge Fermer nicht mehr in die Kaserne zurück. Es war noch recht kühl, doch waren die ersten Anzeichen des nahenden Frühlings zu bemerken. »Es tut sich etwas«, dachte Fermer, »scheint nicht alles aufspringen zu wollen?«

Um den Vollmond flogen eilend Wolkenfetzen,

die sich sofort wieder zerstreuten; die sonst fahle Himmelsdecke war an einigen Stellen weit aufgerissen, und Fermer konnte die leuchtenden Sterne erkennen. Auch die Lastschiffe, die den Fluss hinauffuhren, schienen schneller zu fahren. Auf einem Schiff flatterten Wäschestücke an einer Leine, und eine Tür war so weit geöffnet, dass der Lichtschein auf ein neben der Wäsche stehendes Fahrrad fiel.

»Warum nicht sofort aufbrechen?«, dachte Fermer und ging schneller voran. Das Neonlicht zwischen den Platanen am Ufer schien so hell auf die Knospen der Sträucher, dass sie künstlich zu sein schienen. Doch als Fermer plötzlich den noch schwachen Gesang eines Vogels hörte, war auch diese Künstlichkeit so unwichtig geworden wie die anderen verstummten Geräusche. Er wechselte singend den Schritt, begann zu laufen und hielt eine Zeitlang das Tempo eines Schiffes mit.

Schließlich erreichte er die Brücke, die aus der Stadt zu den Vororten führte, und als er sich auf ihrer Mitte umdrehte, sah er die Silhouette der Stadt wie ein eben fertig gewordenes Bild vor sich liegen.

Auf einigen Hochhäusern wechselte die Leuchtschrift. Manche Gebäude waren in gelbes Licht getaucht und erschienen wie Ton, der eben zu erstarren begann. Von den dunklen Häuserreihen hoben sich die langen Antennen ab, die in den erleuchteten Horizont ragten. Fermer erkannte die Hotelfassaden am Ufer. In den hell erleuchteten Rechtecken der Fenster bewegten sich Menschen; manche hatten sich auch hinausgelehnt und schauten auf den Fluss. In einem Fenster sah Fermer eine Frau, die sich vor einem Spiegel hin und her zu bewegen schien.

Das Hupen eines Lastschiffes weckte ihn aus seiner Vertiefung, und er ging schneller voran.

Der Fluss war an dieser Stelle sehr breit. Er teilte sich vor einer Insel, floss wieder zusammen und verschwand zwischen den an beiden Ufern sich erstreckenden Hügelketten. In der Nähe der Stadt war er noch von Fabriken und Schornsteinen eingefasst; doch am Horizont wurde er immer mehr zu einer kaum noch gekrümmten Linie, die sich in die Linien der bewaldeten Hügel einordnete. Dort in der Ferne zitterten kleine Lichter in der allmählich immer stärker hereinbrechenden Dunkelheit.

Fermer verließ die Brücke über einen schmalen Steg, der zu einer Ulmenallee am Ufer führte. Er wusste seine Unruhe kaum zu beherrschen. Eingefasst von den Bäumen, ging er im schwachen Wind. Hier bewegte sich alles, und laut wie nie erschien ihm das Rauschen des Wassers.

Er blickte zu der Reihe der alten Häuser hinüber, die nahe am Weg lagen. Einige hatten noch kleine Erker im ersten Stockwerk, von denen man über den Fluss auf die gegenüberliegende Stadt blicken konnte. Hier und da war auch eine Tür zum Balkon leicht geöffnet; ein Vorhang wehte nach draußen, oder ein schwaches Licht fiel auf die Efeuranken, die sich um die Vorbauten schlossen.

Lange blieb sein Blick an diesen Häusern hängen; er spürte die Ruhe, die sich in ihrem Inneren ausgebreitet hatte. Vögel kreisten über dem Fluss und flogen kreischend hinter den Schiffen. Im Geäst der Bäume hielten Krähen ein, der Wind war stärker geworden. Die Wolken schienen sich der Erde zu nähern, und über ihnen klaffte der dunkle Himmel, dessen Mitte der Mond noch hielt.

Er wollte weitergehen und steckte die Hände in die Taschen des Mantels, nach Wärme suchend. Im letzten Aufblicken bemerkte er eine Gestalt, die eine der schon geöffneten Türen weiter aufsperrte und auf den kleinen Vorbau hinaustrat. Sie lehnte sich auf die Brüstung und blickte in die Ferne. Sah er nicht deutlich eine Hand, die über dem Geländer lehnte, und flatterten nicht die Haare im Wind?

Fermer hielt wie erstarrt inne und glaubte, lange nichts Schöneres gesehen zu haben. Langsam trat er zurück ins Dunkel der Bäume, ängstlich schon, die Schöne könne in jedem Moment verschwinden und er allein zurückbleiben. Doch zugleich fühlte er auch schon, wie weit er von ihr entfernt war; ruhig schauend stand sie lange und schien den Wind nicht zu bemerken, während es um Fermer lauter wurde. Er wusste nicht, ob es das Rauschen des Flusses war, und drehte sich zum Wasser um. Das Ufer lief in langen Steinbänken aus, und zwischen den aufgeschichteten Steinen lagen Autoreifen und Abfall. Dort schlugen die Wellen mit dumpfem Geräusch an, während die Möwen noch niederfielen, um den angetriebenen Unrat aufzunehmen.

Als er sich wieder umdrehte, war die Gestalt verschwunden. Die Tür stand noch einen Spalt offen, und der schwere Vorhang wehte nach draußen. Inzwischen aber war auch das gedämpfte Licht im Inneren des Zimmers verloschen.

Fermer ging langsam am Fluss entlang und redete sich zu, nicht in Traurigkeit zu verfallen. Er spürte eine milde Schwäche, die sich während des Gehens nicht aufhob, und atmete kräftiger durch. Ihm gerade gegenüber lag die Insel, die den Fluss teilte. Ihre dunklen Baumreihen hoben sich vom hell beschienenen Wasser ab. Bis auf das Klatschen der Wellen am Ufer und das ferne Summen der Autos war nichts zu hören.

Er wusste nicht, wohin der Weg führte, und blickte zur Insel, als habe er ein Ziel gefunden. Nur wenig bewegten sich dort die schweren Bäume hin und her; dunkel und still lag das Land in der erregten Umgebung.

Nicht weit entfernt sah er einen Bootssteg; dort hoffte er zu finden, was er brauchte. Das Bootshaus war abgeschlossen, aber am Ende des Steges war ein Kahn an einen hölzernen Pfeiler gekettet. Er ging auf ihn zu über den schwachen, knarrenden Steg und sah sein zitterndes Spiegelbild in den Wellen. Die Kette war leicht zu lösen; neben den Ruderbänken lagen die Ruder auf dem Boden des Bootes. Der Lack glänzte im Mondschein. Er setzte sich auf das Ende des Steges; seine Beine hingen über dem Wasser. Die Strömung war nicht stark, der Mond beschien die Strecke. Er glaubte, es sei einfach hinüberzukommen.

Die Erinnerung an die verschwundene Gestalt aber ließ ihn nicht los. Er beugte sich über das Wasser, als könne er so leichter vergessen. Die Arme erschienen ihm seltsam schwer, die Luft war knapp geworden, sein Atem ging rasch.

Schließlich löste er die Kette, die ins Boot rasselte, sprang hinter ihr her, balancierte den Kahn aus, setzte die Ruder ein und fuhr mit einigen kraftvollen Stößen los. Als er die Bewegung des Kahnes wahrnahm und sah, dass er langsam vorwärts kam, während das Wasser leicht an die Ränder klatschte, wuchs mit jedem Stoß sein Vertrauen zu sich selbst. Er atmete tiefer ein und bemerkte die Rinne, die der Kahn in die Wellen zog. Vom Ende des Bootes reichten die beiden Linien bis ans Ufer und hielten eine still gewordene Fläche. Die Möwen flogen flach hinter ihm; es schien beinahe zu stürmen, und doch wusste er, dass er es sich nur einbildete. Die Wellen gingen so hoch wie zuvor, und die Ulmen am allmählich verschwindenden Ufer bewegten sich nur schwach. Einmal musste er vor Erschöpfung die Ruder loslassen, und der Kahn trieb ein wenig in der Strömung.

Als Fermer sich umwandte, erkannte er schon die wild ineinandergewachsenen Baumgruppen, kleinere Büsche am Ufer und den schmalen Sandstreifen davor; mit jedem Ruderstoß näherte er sich einer Stille, die ihm groß und schwer erschien. Der Wind schwächer, nur die langsame Bewegung der Bäume, das Rascheln der Büsche in der Dunkelheit. Das Boot lief auf den Sandstreifen, und Fermer sprang heraus, um es vom Wasser wegzuziehen. Als er aufblickte, lag ihm gegenüber die Allee der Ulmen, hinter denen sich die alten Häuser verbargen, wie ein längst verlassenes Land, das er anschaute wie ein Fremder.

Er zwängte sich zwischen den Büschen hindurch und erreichte einen schmalen Pfad, der ins Dunkel führte. Durch die Baumreihen gelangte er in freieres Gelände. Er stolperte gegen die harte Erde eines Ackers und erkannte eine Wiese, die von Pappeln eingesäumt war. So war er an der anderen Seite der Insel angekommen und stand jetzt der Stadt gegenüber, deren Bild grell aufleuchtete, flackernd wie ein Feuer, das noch im Wasser zu glühen schien. Es leuchtete stärker als zuvor und hob sich wie ein unruhig zitterndes Relief von der dunklen Umgebung ab.

Dahinter aber brodelte es; manchmal flogen Lichtfetzen hinaus über die Häuserfassaden im Vordergrund und verglühten wie Sternschnuppen im Dunkel. Auch war es lauter geworden – im fernen Dröhnen hörte er Autohupen und ein sich regelmäßig wiederholendes Zischen.

Er sah zum Bootshafen, erkannte die dunklen Lagerschuppen und die Schienen, auf denen im Sommer die Boote ins Wasser gelassen wurden. Zwischen den hohen Hotelfassaden riss es manchmal hell auf, und auf der breiten Uferstraße bildete der unablässige Strom der vorüberfahrenden Wagen ein helles Band, von dem sich die verblichenen Stämme der Straßenbäume abhoben. Flussabwärts die weißen Rückseiten der Wohnwagen in der Nähe der Schrebergärten; dort führte die Eisenbahnbrücke über den Fluss, über die die Züge glitten, in der Ferne flimmernde Ketten erleuchteter Fenster, die aufzuckten und verbrannten.

Er saß jetzt ruhiger, an eine Pappel gelehnt und fühlte, dass der innere Druck nachließ. Er schaute zum Mond, der zwischen den schnell ziehenden Wolken immer wieder hervortrat, und konnte sich wortlos nicht mehr an das erinnern, was vorgefallen war. Er wusste, dass etwas in ihm aufgebrochen war, und einmal nahm er den Kopf zwischen die erkalteten Hände.

So blieb er sitzen, bis die ersten Lichter verloschen und der Verkehr verebbte; längst waren die meisten Hotelfenster verdunkelt. Es war sehr kühl geworden, und als er die Kälte endlich bemerkte, stand er langsam auf und ging den Pfad zurück. Am Rand der Wiese traf er auf eine Hütte, die Tür war geöffnet. Im Inneren waren Hacken und Schaufeln gegen die morsche Holzwand gelehnt, einige Torfsäcke lagen herum. Er breitete sie in einer Ecke aus und zog die Tür an.

In seinem Kopf brauste es noch eine Weile, das Geräusch des Wassers war ihm einmal ganz nahe, als stehe das Wasser schon vor der Tür; dann glaubte er das Pfeifen eines Zuges zu hören, lange noch das monotone Summen der Autos. Ihm war, als sei er in ein stürmisches Dunkel gefallen. Die Bilder verschoben sich zu Leuchtzeichen.

Spät erst legte sich der Aufruhr durch die tiefe Müdigkeit; endlich schlief er ein.

Das Glück der ersten Weinprobe

Meine erste »Weinprobe« kann ich genau datieren. Sie fand an einem Abend (genauer: am 29. Juli 1963) während der Moselwanderung statt, die meinen Vater und mich damals zu Fuß von Koblenz nach Trier führte. Als zwölfjähriger Junge, der in Köln und im Westerwald aufgewachsen war, kannte ich die genauen Abläufe und Rituale einer »Weinprobe« nicht. Das abendliche Probieren und Kosten, das ich dann in dem Moselort Ediger erlebte, war eine frühe gastrosophische Erfahrung im besten Sinn.

Bei solchen Erfahrungen geht es nicht nur um einfaches Trinken und Essen, sondern darum, beides bewusst und »gestaltet« zu erleben. Man könnte sagen, dass man in einem solchen Fall eine kleine Mahlzeit als ein Ereignis verstehen lernt, das auf eine bestimmte Weise kulturell geprägt und geformt ist. Man begreift die Sinnzusammenhänge ihres Verlaufs, man erlernt ein neues Vokabular für ihre exakte Beschreibung und man versteht, wie all diese

Sprachen mit dem Raum verbunden sind, in dem sie entstanden.

In Ediger sind wir dann am Abend, als wir von unserem Gang in die Weinberge zurück waren, in einem sehr schönen Weinhaus zu Abend essen gegangen. Weil es noch so warm und hell war, konnten wir auf der Terrasse zu Abend essen. Wir hatten einen schönen Ecktisch, von dem aus wir direkt auf die Mosel schauen konnten. Papa hat gesagt, dass er während des Abendessens eine kleine Weinprobe mit Wein aus Ediger zelebrieren wolle, denn der heutige Tag sei unser »Tag des Weins und des Weinbergs«. Und so hat Papa während des Abendessens lauter kleine Proben Wein serviert bekommen. Die Proben waren in winzigen Gläsern, und Papa brauchte immer nur wenige Schlücke, um eine Probe zu trinken. So konnte er auch viele Proben trinken und nicht nur zwei oder drei. Papa hat zu den kleinen Proben eine Platte mit Käse und später noch einen Salat gegessen, und ich habe mir eine Platte mit gekochtem Schinken und vielen Gurken bestellt.

Während unseres Abendessens und während der Weinprobe hat Papa mir dann auch gezeigt, wie das »Zelebrieren« so geht. Das »Zelebrieren« ist nämlich, wie Papa gesagt hat, kein einfaches Trinken oder Probieren des Weins, sondern ein feierliches, festliches Trinken des Weins mit allen Sinnen. Es geht so, dass man den Wein zuerst mit den Augen und dann mit der Nase erkundet. Man schaut sich also an, wie der Wein aussieht und beschreibt seine Farbe. Dann riecht man den Wein und beschreibt, wie er riecht oder duftet. Und erst dann nimmt man den ersten Schluck, und zwar einen sehr kleinen. Den sehr kleinen Schluck lässt man auf der Zunge liegen oder »schweben«, wie Papa gesagt hat, und erst nach einer Weile lässt man ihn durch die Gurgel gleiten und abstürzen. Dann erlebt man den Nachgeschmack und nimmt rasch einen zweiten Schluck, um den Geschmack des Weins noch genauer heraus zu bekommen.

Papa hat mir das »Zelebrieren« mehrmals vorgeführt, und dann immer genau beschrieben, wie der Wein aussieht, wie er duftet und wie er schmeckt. Und dann haben wir auch für mich eine Probe Traubensaft bestellt, und ich habe mir den Traubensaft angeschaut, beschnüffelt und probiert. Und dann habe ich auf meinen Notizzetteln notiert, was ich über den Traubensaft herausbekommen hatte: Er sieht »hellgelb« aus, er riecht »zart«, und er schmeckt »lieblich«.

Wie der Wein ausschaut
Wässerig
Blass
Hellgelb
Goldgelb
Fuchsig

Wie der Wein riecht
Flüchtig
Duftig
Fruchtig
Blumig
Würzig

Wie der Wein schmeckt
Fein
Süffig
Glatt
Markig
Groß

Weil wir zu Abend gegessen und gleichzeitig eine Weinprobe gemacht haben, haben wir viel länger für das Abendessen gebraucht als sonst. Ich habe Papa gefragt, woher er so viel über den Wein wisse, und Papa hat gesagt, dass er schon ein wenig über Wein gewusst habe, jetzt aber sehr viel über Wein wisse, weil er viel in dem Buch des Schriftstellers Stefan Andres über die großen Weine Deutschlands gelesen habe. Ich fragte Papa, ob ich auch etwas in diesem Buch lesen solle, Papa meinte aber, das sei nicht nötig, das meiste in diesem Buch sei »Wein-Chinesisch«, und dieses »Wein-Chinesisch« bräuchte ich in meinem Alter noch nicht zu kennen. Später bräuchte ich es aber vielleicht, später vielleicht, denn es könne ja sein, dass auch ich später so wie er Freude am Weintrinken habe und das Weintrinken so wie er genieße. Da antwortete ich, dass ich fest glaube, später einmal Freude am Weintrinken zu haben, jetzt aber natürlich noch nicht. Und wenn ich später Freude daran habe, dann sei es ja ganz einfach, sofort etwas über Wein zu erfahren. Ich brauche dann ja nur das Buch über die großen deutschen Weine aufzuschlagen, und dann wisse ich einfach alles über den deutschen Wein.

Das Glück eines französischen Menus

Auch mein erstes französisches Menu kann ich genau datieren. Am 3. Mai 1964 war ich mit meinem Vater in Berlin. Es war ein Sonntag, und wir waren den ganzen Vormittag in Berlin-Friedenau unterwegs. Einige Zeit suchten wir nach einem Berliner Lokal, in dem wir hätten zu Mittag essen können. Wir fanden aber kein geeignetes, entdeckten dafür aber ein kleines französisches Bistro.

Die Bezeichnung »Bistro« hörte ich damals zum ersten Mal. Schon kurz nach seinem Betreten hat sich in meinem Kopf ein Bild festgesetzt, das ich bis heute mit dem Wort »Bistro« verbinde: Viele kleine Tische (jeder Tisch höchstens für vier Personen, eher aber nur für zwei, die sich gegenübersitzen), rot-weiß karierte Tischdecken, ein gewisses Halbdunkel und französische Musik (aus dem Radio, von der Schallplatte/CD oder »live« aufgeführt, gesungen, gespielt).

Das Wichtigste an einem »Bistro« war gar nicht

unbedingt die Mahlzeit, sondern eine besondere Atmosphäre. Sie ist der Grund dafür, dass jeder Bistro-Besucher sich wie in einem Film fühlt und benimmt. Als wären in den Wänden des Bistros Kameraaugen angebracht, die auf die Besucher sowie ihre Posen und Gesten fokussiert sind. Das Ambiente eines Bistros ist dementsprechend »filmisch«, als setzte es sich aus lauter Fundstücken von einem Flohmarkt zusammen, die ein findiger Produzent gesucht und aufgetrieben hat.

Das Bestellen einer Mahlzeit, die Gespräche mit der Kellnerin, das überlegte Komponieren einer Mahlzeit – das alles erschien mir damals wie »gespielt«. Als gäbe es für alle Besucher des Bistros ein gemeinsames Drehbuch, das jedem Einzelnen von ihnen eine Rolle und eine Aufgabe zuweist. Bestimmt trug der Umstand, dass viele Gäste (und vor allem mein Vater) Französisch sprachen, zu dieser neuen Erfahrung bei.

Mitten in Berlin fühlte ich mich wie in einem anderen Land, wo ich mich an die fremden Sitten zu halten und sie zu erlernen hatte. Am Ende dieses Lernprozesses war ich glücklich: Indem ich mitten in diesem französischen Bistro Klavier gespielt, und dieses Spiel den Gästen sogar gefallen hatte, war ich zu einem Teil der Inneneinrichtung geworden. Ich hatte die französische Fremde nicht »erobert«, nein, ich hatte mich in sie »integriert« und gehörte von nun an zu ihrer Geschichte.

Da sich die Eckkneipen nicht für die sonntägliche Mahlzeit eigneten, suchten wir weiter und weiter, entdeckten aber einfach kein passendes Lokal. Nur ein einziges gefiel Papa und mir, es war aber kein Berliner Lokal, sondern ein französisches, ein sogenanntes Bistro. Eigentlich hatten wir vorgehabt, sonntäglich Berliner Küche zu essen, da aber sagte Papa, eigentlich habe die Berliner Küche nur sehr wenig Sonntägliches, sondern sei mehr etwas für den knochigen Werktag. Und ich antwortete: »Na gut, dann lass uns doch mal die französische Küche probieren.«

Das Bistro bestand wie halb Friedenau aus lauter kleinen Eckchen und Tischchen mit weißen Deckchen, und die Bedienung war eine richtige Französin, die Papa gleich ein Glas Wein servieren wollte. Papa bestellte denn auch ein Glas Weißwein (obwohl er einmal gesagt hatte, in Berlin Wein zu trinken, passe nicht, der Wein schmecke in Berlin nach nichts), und die Kellnerin brachte uns auch gleich eine sehr große Flasche Mineralwasser (ohne Sprudel). So ein Wasser hatte ich noch nie getrunken, es schmeckte seltsam, einfach wie Leitungswasser, nur noch eine Spur langweiliger. »Das schmeckt aber seltsam«, sagte ich zu Papa, und Papa war plötzlich guter Laune, denn er sagte: »Ja, nicht wahr? Es schmeckt wie mein Wein.«

Die Kellnerin brachte uns dann zwei Karten mit französischem und deutschem Text, und sie fragte Papa, wie ihm der Wein schmecke. Da sagte Papa »superb«, und ich hätte fast laut gelacht, denn dieses französische Wort klang irgendwie albern und als machte Papa sich über die Kellnerin lustig. Als sie wieder fort war, konnte ich mich nicht mehr beherrschen und lachte los. Da las Papa die Speisekarte von oben nach unten in Französisch, und ich musste so sehr lachen, dass die Kellnerin wieder erschien. Sie wusste aber nicht, worüber ich lachte, sondern sie hörte Papa zu, wie er die Karte vorlas, und dann sprach sie mit ihm Französisch, und auch Papa sprach Französisch, und es klang überhaupt nicht mehr albern, sondern unglaublich schön.

Französisch sprechen

Das Französische klingt weich und sanft und wie im Traum geflüstert. Das Sprechen verläuft ohne Pause und Hänger, und die Französisch Sprechenden geraten, je länger sie sprechen, immer tiefer hinein in den Traum. Im Traum ist es aber nicht dunkel oder gefährlich, sondern hell, wie im Frühling oder im Herbst, keineswegs aber wie im Sommer oder im Winter. Mama spricht manchmal mit sich selbst Französisch, und sie spricht es dann und wann auch mit Papa. Der wechselt aber schon bald wieder ins Deutsche, denn er sagt, er spreche lieber Deutsch, weil ich sonst denke, die Eltern sprächen Französisch, damit ich nicht alles verstehe.

Es war nicht leicht, etwas zu bestellen, denn wir ahnten nicht, wie die Speisen aussehen würden, deren Namen Papa vorgelesen hatte. Papa fragte die Kellnerin zwar mehrmals (auf Französisch), was sich hinter diesem oder jenem Namen verbarg, und er übersetzte es mir auch langsam. Ich konnte mir aber nicht vorstellen, wie ein zerschmolzener Ziegenkäse mit Pinienkernen auf Salat schmecken würde, und erst recht hatte ich keine Ahnung, wie geschmortes Rindfleisch nach Art Karls des Großen schmeckte.

In dem Bistro war alles ungewohnt und anders als sonst, denn es war eben französisch. Die Musik war französisch, und die Stimmung war französisch, und es war ein Glück, dass Papa gut Französisch sprach, sonst hätten wir dumm da gesessen. Anfangs war das Bistro noch leer, aber überall auf den Tischen standen kleine Karten zum Reservieren, und als wir bestellten, kamen auf einen Schlag sehr viele Friedenauer herein und verteilten sich auf die Tische und begannen, französisches Leben zu spielen. »Wo kommen denn die plötzlich alle her?« fragte ich, und Papa sagte, Friedenau sei ein Ort für Maler und Künstler und vielleicht seien das welche, denn Maler und Künstler liebten Frankreich und das Französische über alles. Da verstand ich noch besser, was für ein Dorf Friedenau eigentlich war, es war eine Art französisches Dorf, ein Dorf wie im Traum. Dann aber bestellten Papa und ich.

Papa bestellte sechs Weinbergschnecken und das geschmorte Rindfleisch nach Art Karls des Großen. Und ich bestellte einen Salat aus Nizza und Hähnchen in Burgundersauce nach der Art des

Burgund. Und wir tranken weiter das Leitungswasser aus der Flasche, und Papa bestellte ein Glas Rotwein, auch aus Burgund. Der Wein machte ihn gut gelaunt, und ich freute mich, dass er sich jetzt so wohl fühlte und anscheinend für eine Weile nicht mehr an die Jahre von früher denken musste. Er erzählte denn auch nicht mehr von diesen Jahren, sondern sprach von Frankreich und von Paris und dass wir beide einmal zusammen nach Paris fahren sollten, am besten gleich im nächsten Jahr. »Hast Du Lust, nach Paris zu fahren?«, fragte er. Und ich sagte: »Ja, sehr. Nächstes Jahr fahren wir Zwei nach Paris.« Danach haben wir mit unseren Gläsern angestoßen, und dann kamen auch schon die Weinbergschnecken und mein Salat aus Nizza, und es wurde dann eine richtig sonntägliche Mahlzeit, wenn auch nicht auf Berliner, sondern auf französische Art.

Wie französisches Essen schmeckt

Die Weinbergschnecken waren sehr klein und verschrumpelt und steckten noch in ihren Häusern, so dass man sie mit einer Nadel daraus hervorziehen musste. Papa machte es gut, ich fand es aber sehr eklig. Der Salat aus Nizza bestand aus vielen grünen Salatblättern und etwas

Thunfisch und Tomaten und geröstetem Weißbrot und schmeckte. Das Rindfleisch und das Hähnchen lagen in genau derselben dunklen Sauce, die etwas nach Wein schmeckte und süß war. Beides schmeckte gut, aber die mit Käse überbackenen Kartoffelscheiben, die es dazu gab, schmeckten etwas langweilig und zu sehr nach Käse. Insgesamt aber hat mir das französische Essen sehr gut geschmeckt.

Nach dem sehr guten Essen, für das wir komischerweise sehr viel mehr Zeit brauchten als sonst für das Essen, fragte uns die Kellnerin noch, ob wir ein Dessert wünschten. Da sagte Papa »ja, auf jeden Fall«, und dann bestellte er für mich eine Mousse au chocolat (also ein Schokoladenmus). Das Mus kam sehr schnell, und es schmeckte mir besser als jeder Schokoladenpudding, den ich bisher gegessen hatte. Das sagte ich dann auch der Kellnerin, und ich sagte dann noch, dass ich mir den Namen des Mus unbedingt merken wolle, und zwar auf Französisch. Deshalb holte ich meinen Notizblock und den Kugelschreiber hervor und bat die Kellnerin, den Namen aufzuschreiben. Sie war sehr erstaunt, dass ich einen Block und einen Stift dabei hatte, und dann sagte sie: »ah, der Junge ist wohl ein Schriftsteller«. Papa musste lachen (etwas lauter als sonst) und antwortete, dass ich kein Schriftsteller, sondern ein Musiker sei. Und dann sagte er, dass ich Klavier spiele, »Klavier«. Die Kellnerin fragte aber zurück: »Er spielt Piano?«, doch das schien Papa, der doch sehr gut Französisch sprach, plötzlich nicht zu verstehen. Da sagte ich, ja, ich spiele Piano, und da kapierte Papa erst und sagte auch, ja, ich spiele Piano. Da nahm mich die Kellnerin an der Hand und ging mit mir durch das Bistro und zeigte mir ein altes Piano, das in einer Ecke des Bistros stand. Sie fragte mich, ob ich etwas spielen wolle, und ich sagte sofort »ja, gerne« (denn ich hatte ja nun eine ganze Weile schon nicht mehr Klavier gespielt). Da ging die Kellnerin fort, und es war plötzlich ganz still im Bistro, und die Kellnerin rief: »Der junge Mann spielt jetzt das Piano. Applaus!«

Die Maler und Künstler aus Traum-Friedenau bemerkten mich dann vor dem Piano und klatschten, und dann öffnete ich das Klavier und überlegte kurz, was ich spielen sollte. Ich wollte etwas spielen, was zu Friedenau passte, deshalb fiel die Wahl gar nicht schwer. Und so spielte ich Walzer von Frédéric Chopin und begann mit dem besonders langsamen in A-Moll. Ich hörte aber gleich, wie gut es passte, es passte nicht nur gut, sondern sehr gut, und ich spielte insgesamt drei Walzer, und dann war es genug. Die Maler und Künstler klatschten sehr lange, und einige von ihnen standen sogar auf und klatschten dann weiter. »Stehende Ovationen«, rief mir die Kellnerin zu, und ich verbeugte mich und war froh, dass mein Spiel so gefallen hatte. Die Maler und Künstler wollten mich dann auch an einen ihrer Tische holen, um sich mit mir auf Friedenauer Art zu unterhalten. Ich sah aber, dass Papa jetzt doch weiter wollte, und so sagte ich, dass wir noch einen Termin am Nachmittag hätten. »Und wo spielst Du am Nachmittag?« fragte einer von ihnen, und ich fragte Papa: »Und wo spiele ich am Nachmittag?« Da sagte Papa: »Du spielst am Wannsee. Hast Du das schon vergessen?« Und ich sagte: »Ich spiele am Wannsee, ich habe es nicht vergessen.«

Das Glück des Kochens

Ich koche selbst nicht gern, deshalb koche ich auch nur selten. Ich sitze aber sehr gerne in einer Küche, um die jeweilige Köchin oder den Koch während des Kochens zu unterhalten. Ich lese ihnen aus den neusten Zeitschriften oder Büchern vor, ich lege Musik auf, ich probiere die entstehenden Gerichte in ihren unterschiedlichen Kochphasen, ich spiele den Moderator, der zwischen den Köchen und ihren Gerichten vermittelt und Vorschläge zu einer gelingenden Koch-Kommunikation (auch Gerichte haben eine Sprache!) macht. Ich sorge also für gute Laune und eine Unterhaltung, die den oft langwierigen Kochvorgängen etwas von ihrer Pedanterie nimmt.

Wenn ich aber selbst koche, koche ich am liebsten allein und unterhalte mich auch am liebsten allein. Eigentlich gibt es nur zwei Gerichte, die ich wirklich so gut beherrsche, dass ich mich traue, sie auch anderen Personen anzubieten. Ich kann eine sehr gute

Fischsuppe kochen – und mir gelingen meist auch sehr gute Kutteln. Beide Gerichte brauchen in meiner Küche ziemlich viel Zeit, oft vergehen Stunden, bis sie fertig sind. Während des langen Köchelns verlasse ich die Küche nicht, ich igele mich in ihr ein und habe am Ende kaum noch Appetit.

Wenn die Fischsuppe oder die Kutteln fertig sind, öffne ich mein Küchengehege. Jedes Mal strömen die Gäste dann mit lautem Rumoren hinein, und ich erhalte bereits einige Vorschusslorbeeren – als hätten sie bereits gekostet und als wären sie sicher, in den nächsten Minuten etwas ganz Wunderbares zu genießen. Der Moment, in dem die Gäste die Küche betreten, ist der Höhepunkt des Kochglücks und wirkt wie ein abschließender starker Akkord: Die ganze Mühe war nicht umsonst, das Kochen war eine einzige Glückssteigerung über mehrere Stunden. Ich kann mich zurücklehnen, um den anderen beim Essen und Trinken zuzuschauen und selbst noch eine kleine, letzte Kostprobe zu nehmen.

Heute habe ich am frühen Abend frische Kutteln in der »Macelleria Italiana« in der Stuttgarter Markthalle gekauft. Es handelte sich um Kutteln vom Kalb, sie lagen unter dem leicht gewölbten

Glas der Verkaufstheke wie farblose, gebleichte Kunstgebilde, die man für eine Beuys-Installation präpariert hatte. Angestrahlt von den kleinen Lampen des Marktstandes hatten sie etwas Erregendes, denn sie schienen einem merkwürdigen Zwischenzustand anzugehören, präpariert, abholbereit, aber ohne einen Hinweis zu geben, wie man mit ihnen weiter verfahren müsse. Fleisch anderer Art – weiß man aus Erfahrung – braucht man nur mit etwas Öl, Schmalz oder Butter in eine Pfanne zu legen und ein paar Mal zu wenden, dann ist es fertig. Kutteln dagegen igeln sich in feine, poröse Netze ein, ziehen sich zusammen und geben nichts preis. So nimmt man sie zunächst einmal auf gut Glück mit, wissend, dass man sich etwas für ihre Zubereitung ausdenken muss. Kutteln sind fordernd, denn sie erwecken den Eindruck, als könne man sie leicht zugrunde richten, andererseits aber auch etwas ganz Wunderbares aus ihnen machen. Aber was und vor allem wie?

Auf dem Weg nach Hause komme ich an einigen schwäbischen Wirtschaften vorbei. In manchen von ihnen stehen Kutteln noch auf der Speisekarte, und zwar als »Saure Kutteln«, zu denen man frische Bratkartoffeln serviert. »Saure Kutteln« bereitet man zu, indem man die Kutteln mit Essig und Wein in einer sich rasch bräunlich einfärbenden Mehlsauce kocht. Ehrlich gesagt, mag ich solche Kutteln überhaupt nicht. Sie schmecken säuerlich und stoßen nach dem Verzehr stark auf, ja man hat es eher mit einem misslungenen, faden Eintopf als mit einem nuancenreichen Gericht zu tun. Der trockene Wein und vor allem der Essig setzen den verwöhnungsbedürftigen Kutteln hart zu und begraben sie, so dass sie nur noch wie Zutaten zur suppenartig eingedickten Sauce lustlos in einem indifferenten Braun schwimmen. So etwas aber darf auf keinen Fall sein, denn die Kutteln sollten selbst zur Geltung kommen und das natürlich auf elegante Art.

In meiner Familie mag niemand Kutteln, ich trage sie also nur für mich den weiten Weg nach Hause, um dort mit ihnen dann einen langen Abend zu verbringen. Kutteln kochen ist einsames Kochen, ich stehe und sitze am Herd und habe Zeit, sehr viel Zeit. Genau das aber ist der schöne Nebeneffekt des Kutteln-Kochens: Ich verbringe Stunden in unserer offenen Küche, ich habe Lektüren, Musik und allerhand sonstige Kochbegleiter dabei, im Grunde handelt es sich beim Kutteln-Kochen um eine Art Kunst-Session oder um eine Performance, die man zu Beginn sich selbst, in ihrem späteren Verlauf dann aber durchaus auch einem kleinen Publikum präsentiert. Mein kleines Publikum sind jene Familienmitglieder, die irgendwann freiwillig zu meinem Kochen hinzustoßen. Eigentlich warte ich genau darauf, dass dies auch irgendwann geschieht, dann ist nämlich die Gelegenheit da zu beweisen, dass ich so etwas wie der Kuttel-Zauberer bin.

Zunächst aber breite ich meine Kutteln (es handelt sich etwa um ein Kilo) auf einem großen Schneidebrett aus. Da liegen sie nun und gebärden sich so eklig wie nur irgend möglich. Denn hier zu Hause, in unserer Küche, wirken sie nun plötzlich wie reiner Abfall oder wie Lumpen, die tagelang in der Spüle gelegen haben und dort geschrumpft sind. Natürlich hat mein Metzger sie in Salzwasser gekocht, aber er hat sie noch nicht geschnitten oder sonstwie in Form gebracht, deshalb muss ich mich jetzt daranmachen, sie auseinanderzufalten und zu schauen, wie es mit ihnen weitergehen soll. Auseinandergefaltet und etwas platt gedrückt, so dass sie sich nicht mehr so verdruckst wie bisher wellen, erscheinen sie wie pure Materie oder wie eine leicht gelbliche, monochrome Leinwand, die sich nun in ein Bild verwandeln soll.

Ich mache mir Mut und vertreibe meinen leichten Abscheu dadurch, dass ich eine Flasche Weißwein öffne und mir ein Glas Grauburgunder aus der Pfalz einschenke. Ich trinke, ja, das belebt und macht wahrhaftig sofort Mut, nun sollte ich meine Session nur noch mit einer passenden, leicht anfeuernden, aber keineswegs zu viel Aufmerksamkeit beanspruchenden Musik untermalen. In einem Küchenregal horte ich eine ganze Flotte von CDs, die ich oft während des Kochens auflege, es sind ausschließlich CDs mit einzelnen Sängern, die sparsam begleitet werden. Paolo Conte, Gianmaria Testa oder der wunderbare Fabrizio de André – ich stehe vor allem auf italienische Lieder oder meinetwegen »Chansons«, die mich daran glauben lassen, an einem italienischen Herd in einer italienischen Stadt zu stehen. Als junger Mann habe ich eine Zeitlang in Rom an einem solchen italienischen Herd in einem typisch römischen Ristorante gestanden – sollte ich die Lust am Schreiben irgendwann einmal verlieren, würde ich genau dorthin wieder zurückkehren, um an diesem Herd zusammen mit einer meist gut gelaunten Crew junger italienischer Köche zu arbeiten. Doch jetzt bin ich Solist, und auch meine Sängerinnen und Sänger sind Solisten – und zusammen ergeben wir jetzt so etwas wie die Kuttel-Crew, die aus dem puren Nichts unansehnlicher Materie und nervenden Abfalls einen großen Süden formen wird.

Ich beginne, ich setze an, ich nehme ein sehr scharfes, spitzes und großes Messer und schneide die ausgefransten und netzüberzogenen Lappen in sehr schmale, gleich große Streifen. Diese Streifen dürfen auf keinen Fall zu lang sein, keiner also länger als etwa der halbe Mittelfinger – ich türme sie jetzt aufeinander zu einem Kuttelberg, ein stark kurzsichtiger Beobachter könnte glauben, einen Haufen frischer, fleischiger Spätzle vor sich zu haben. Aber nein, es handelt sich nicht um Spätzle, sondern eher um hier und da leicht eingerollte blassgelbe Regenwürmer mit markanten, weißen Seitennähten. Bewegen sie sich etwa noch? Zittern sie vor sich hin oder in sich hinein? Ich nehme einen zweiten Schluck Grauburgunder und trete einen Schritt zurück, nein, sie bewegen sich nicht, sondern verharren in Erwartung: Ein kleiner, jetzt durchaus schon mit malerischen Qualitäten aufwartender Kuttel-Kegel, wie ihn Chardin als Stilleben gemalt haben könnte!

Schön, ja, aus der Ferne ergeben sich erste Aspekte zurückhaltender Prägnanz und Schönheit. Ich summe ein Lied Gianmaria Testas, die Töne einer Gitarre tropfen langsam, aber stetig auf und ab, es ist, als schlenderte da einer summend durch Rom und beobachtete die kleinen Plätze in der Nähe des Pantheon. Das alles ist genau die richtige Animation für eine, wie man so sagt, »mediterrane« Zubereitung der Kutteln, in Wahrheit aber handelt es sich um eine römische, wie ich sie in einem römischen Ristorante kennengelernt habe. Nein, ich meine nicht die klassischen Kutteln auf römische Art (*trippa alla romana*), sondern ich meine eine bestimmte Variante dieser »römischen Art«, wie man sie eben in einigen kleinen Lokalen in der Nähe des Pantheon zelebriert.

Ich angle nun eine große, runde, gusseiserne Pfanne aus einem Regal, stelle sie auf eine Herdplatte und tränke den Boden der Pfanne mit gutem Olivenöl, das ich auf eine mittlere Temperatur erhitze. Dampft das Öl leicht, lasse ich den Kuttel-Kegel langsam hineingleiten und verteile die einzelnen Kuttelstreifen dann so, dass sie neben- und keineswegs aufeinanderliegen. Vom erhitzten Öl erfasst, drehen und wenden sie sich einen Moment, andere zucken zusammen und recken sich dann erschrocken auf, wieder andere wiegen sich hin und her, als träten sie von einem Fuß auf den andern. Es herrscht eindeutig eine gewisse Panik, die ich nach etwa einer Minute dadurch zu mildern versuche, dass ich die Temperatur herunterdimme. Die Kuttelstreifen geben nun kleine Ströme von Wasser preis, die sich hier und da zu runden, glänzenden, bald aufplatzenden Blasen verdicken. Ich gebe etwas Salz und reichlich frisch gemahlenen schwarzen Pfeffer hinzu, dann schneide ich drei Chili-Schoten klein und streue sie als feine rote Spur über die verängstigte Kuttel-Horde. Das Wasser zieht nun langsam ab und verdampft, die Farbe der Kutteln wird etwas dunkler, das ist der richtige Moment, um ihnen ein Glas von meinem Grauburgunder zu gönnen. Bitte sehr, seid getauft und für euren Einsatz belohnt! Ja, das freut sie, sie entspannen sichtbar und legen sich auf den Rücken und lassen sich im Wein ein wenig hin und her treiben.

Ich schneide nun zwei oder drei Knoblauchzehen klein und gebe die winzigen, weiß leuchtenden Stücke in die Pfanne, dann habe ich etwas damit zu tun, dass ich zehn große, schwarze, kernfreie sowie zehn große, grüne, kernfreie Oliven jeweils in zwei

Teile schneide und den schwimmenden Kutteln zur Begleitung an die Seite gebe. In der Pfanne entsteht daraus nun ein buntes Bild, die Kutteln erscheinen mit zunehmender Kochdauer wie gelbgolden leuchtende Farbspritzer von Jackson Pollock, zwischen die Miró einige seiner berühmten schwarzen und grünen Kreise gesetzt hat. Sehr schön, dieses schimmernde, leicht brodelnde, noch aber sehr zarte und unausgearbeitete Bild!

Ich gebe noch zwei Gläser Grauburgunder zur Vermählung der Farben hinzu und ziehe mich dann etwas zurück, indem ich die Pfanne mit einem Glasdeckel verschließe und die Kutteln ihrem Beiwerk überlasse. Bevor ich nun ausreichend Zeit für meine Lektüren habe, häute ich noch ein Pfund kleiner, ovaler Datteltomaten, halbiere sie und lege sie zur weiteren Verwendung auf mein Schneidebrett. Jetzt habe ich wirklich Zeit, es ist die Zeit der abendlichen Zeitungs- und Buchlektüren. Ich lese Zeitungen nur am Abend und meist während des Kochens, und ich lese fast ausschließlich das Feuilleton und das auch meist nur auf der Suche nach neuen Büchern, die ich sofort lesen sollte. Da einige Mäzene von dieser manischen Büchersuche wissen, haben sie mir den Zugriff zu sieben Tageszeitungen ermöglicht, jeden Tag fällt dieser Zeitungsstapel in meinen überdimensionalen Briefkasten und wird am Abend wie schweres Strandgut geborgen und in die Küche gebracht. Ich falte die Zeitungen rasch auseinander und grase sie mit gierigen Blicken ab, ein weiteres Glas Grauburgunder passt wiederum gut dazu. Für meine sieben Zeitungen mit sieben Feuilletons brauche ich nicht länger als höchstens dreißig bis vierzig Minuten. Ist mir ein interessanter Buchtitel aufgefallen, reiße ich die jeweilige Seite heraus und lege sie in einen Bestellordner, den gesamten Zeitungsrest aber trage ich gleich in den Vorraum unseres Hauses, von wo aus er meist am nächsten Vormittag in große Papiercontainer wandert.

Bevor ich mich der Buchlektüre zuwenden kann, erwartet mich ein erster starker Moment: Ich hebe den gläsernen Deckel von der Pfanne und beobachte die Veränderungen der Bildstruktur. Die schmalen Kuttelstreifen haben sich bereits etwas zusammengezogen, und die Oliven sind jetzt winzige, schwarz und grün leuchtende Punkte. Ich nehme einen Kuttelstreifen heraus, schneide ihn durch und koste eine Hälfte: Ja, das hatte ich erwartet, es schmeckt noch wie strapaziertes Gummi, das Beiwerk hat sich nicht im Geringsten mit den Kutteln vermählt, sondern ist ausschließlich gut schmeckendes Beiwerk, das noch auf den manifesten Widerstand der Kutteln stößt. Keine Panik, Kutteln brauchen, ich sagte es schon, Zeit, sehr viel Zeit! Ich verwöhne sie mit einer Handvoll der präparierten Datteltomaten und füge wieder Weißwein hinzu, so dass sie jetzt gut bedeckt sind. Dann kommt erneut der Deckel auf die Pfanne, und Kutteln und Beiwerk setzen unter dieser Haube ihre leise Unterhaltung fort. Ein Schmoren, ein Murmeln! Und rasch eine zweite Flasche Grauburgunder geöffnet und rasch ein Glas eingeschenkt!

Wenn ich Kutteln koche, werde ich nicht gestört. Schon wenn der erste italienische Sänger zu hören ist, nähert sich kein Familienmitglied mehr, als wäre der Küchenraum infiziert. Kommt aber doch einmal jemand aus der Familie in meine Nähe, um sich zum Beispiel aus dem Kühlschrank etwas zu trinken zu holen, sagt er meistens nichts, sondern rollt nur genervt und vielsagend mit den Augen, bevor ein giftiger, verachtender Blick die Pfanne mit dem von Kochdunst benebelten Glasdeckel streift. Ich aber sitze wie ein Hüter oder Wärter auf einem kleinen Hocker in der Nähe des Herdes und lese jetzt längst in einem der Bücher, die in einem kleinen Buchregal unterhalb des CD-Regals stehen. Es sind neue und frische Bücher, Bücher also, die in den letzten Tagen eingetroffen sind und jetzt rasch gelesen oder angelesen werden wollen. Gleichzeitig sind es aber auch sogenannte Animationsbücher, Bücher, die mich auf andere und vor allem flotte Gedanken bringen, Bücher also, die sehr anregend sind. Die Sonntagsgespräche des französischen Philosophen Michel Serres mit dem Journalisten Michel Polacco (*Kleine Chroniken*, im *Merve-Verlag*), die kurzen, essayistischen Reiztexte des französischen Literaturwissenschaftlers Gérard Genette (*Bardadrac*, erschienen bei *Points*) oder das Nachdenken des französischen Schriftstellers Francis Ponge über seinen Arbeitstisch (*Der Tisch*, erschienen im Klagenfurter *Ritter Verlag*) – extrem anregend sind oft Bücher französischer Schriftsteller oder Wissenschaftler, die nicht nur *ein* Thema, sondern tausend Themen haben und diese Themen nicht durchackern oder durchforsten, sondern auf elegante, essayistische Weise drehen und wenden.

In diesem Stadium, etwa anderthalb Stunden nachdem ich mit dem Zuschneiden der Kutteln begonnen habe, ist das Kochen ein reines Vergnügen. In regelmäßigen Abständen fülle ich die kleinen zerschnittenen Tomaten nach und gebe auch immer wieder etwas Wein hinzu. Die Tomaten aber breiten sich keineswegs aus und werden auch erst recht nicht zu dumpfem Brei, sie hinterlassen vielmehr nur eine sehr unauffällige, leicht rötliche Färbung. Im Grunde verschwinden sie und lösen sich auf, sie binden höchstens etwas die Sauce und machen sie etwas milder. Wenn zwei Stunden Kochen vorbei sind und ich sieben Zeitungen durchstöbert und drei Bücher angelesen habe, füge ich zwei kleine Thymian-Zweige, etwas Rosmarin und noch einmal einen großen Löffel Olivenöl hinzu. Die Kutteln kochen jetzt auf unterster Hitzestufe und nehmen die Essenzen der Sauce dabei in sich auf.

Das sind wunderbare, große Momente: Wie die vorher so unansehnlichen Kuttelstreifen rembrandtgold werden und die leicht rötliche Weinsauce einsaugen, wie sie sich öffnen und immer weicher und zarter werden, und wie sie beginnen, mit jeder Pore den satten Weingeschmack anzunehmen und ihn mit ihren geöffneten, nachgiebigen Fasern zu verbinden! Langsam verschwindet die Sauce und geht in die sehr schmalen, sich vollsaugenden Kuttel-Leiber über, die jetzt nach schwerem, tomatigem Thymianwein schmecken, in dem winzige Olivenflecke zu kreisen scheinen, als kreisten sie auf der Oberfläche eines gefüllten Pokals als letzte noch halbwegs feste Erscheinungen in einem südlichen Geschmacksmeer.

Drei Stunden sind dann vergangen, und die Sänger haben sich verausgabt, und die Zeitungen und Bücher haben ein Gedankenkonzert sondergleichen gegeben: Da öffnen sich zunächst noch vorsichtig die Türen – und die freiwillig in die Verbannung gegangenen Mitglieder der Familie kommen herein. Ich habe den gläsernen Deckel längst von der Pfanne genommen, so dass die Aromen nicht nur den offenen Küchenbereich, sondern das gesamte Haus durchziehen. Jedes Familienmitglied wirft nun einen Blick in die Pfanne und schaut: Da liegen sie, die goldenen Teufelswürmer, sie liegen zwischen minimalen Andeutungen von Schwarz und Grün, und das alles ist verbunden durch ein zitterndes rötliches Netz, das seine Fäden von Kuttelstreifen zu Kuttelstreifen spinnt. Was wir alle zusammen da sehen, ist nichts anderes als ein Bild des späten William Turner: leuchtendes, schlieriges Gold, das an den Rändern übergeht in schwarze und dunkelgrüne Partien, zwischen denen feurige rötliche Töne hin und her springen. Langsam nehme ich die Thymianzweige aus der Pfanne und hole einige kreisrunde, weiße Teller aus dem Schrank. Jeden Teller garniere ich mit einer Handvoll Kutteln und reiche nur noch jeweils eine kleine Gabel dazu.

Alle nehmen Platz, es ist beinahe Mitternacht. Gianmaria Testa darf »Gli amanti di Roma« singen, niemand ist noch dagegen. Dann aber verzehren einige sehr hungrige und geduldige Menschen einen winzigen Teller mit den besten Kutteln des Mittelmeerraumes und essen dazu nichts, rein gar nichts. Keine Kartoffeln, kein Brot, nichts, nur diese Kutteln, eine Handvoll für jeden, und später noch einen letzten Schluck Grauburgunder, und zwar den gut gekühlten, den aus der Pfalz.

Frühes römisches Glück 1

Nach dem Abitur machte ich meine erste Reise in ein Land, dessen Sprache ich (noch) nicht verstand. Ich fuhr nach Rom mit der geheim gehaltenen Absicht, dort irgendwann am römischen Conservatorio mein Klavierstudium fortzusetzen. Der Aufbruch in den Süden versetzte mich nicht nur in einige Aufregung, sondern beinahe in Panik.

Noch heute erinnere ich mich genau, dass ich während der Zugfahrt ernsthaft daran dachte, wieder auszusteigen und zurück nach Deutschland zu fahren. Die Panik redete mir ein, dass ich niemals Italienisch lernen und der Aufenthalt in der Fremde für mich daher gefährlich werden würde: Ich wäre zum Schweigen gezwungen und genau dieses erzwungene Schweigen könnte die in den Kinderjahren durchlebte Stummheit wieder ausbrechen lassen…

Möglich wäre es damals, Anfang der siebziger Jahre, ja durchaus gewesen, dass ich nach einiger Zeit des vergeblichen Radebrechens keine Silbe mehr gesprochen und mich wieder in ein langes Schweigen zurückgezogen hätte. Dann aber kam alles ganz anders.

Niemals wieder habe ich schon kurz nach der Ankunft in einer fremden Stadt ein derartiges Glück empfunden wie in Rom. Es war, als neigten sich all die jahrtausendealten Bauten mir zu, um den verlegenen, jungen Mann aus dem Norden aufzunehmen. Von Anfang an hatte ich das Gefühl, in einer neuen, zweiten Heimat anzukommen. Instinktiv spürte ich wohl so etwas wie eine geheime Verbindung zu den fremden Szenen, als wäre ich bereits ein Teil ihrer Kultur und als würde ich die Rituale und Formen dieser Kultur mühelos begreifen und mich in ihnen nicht nur zurechtfinden, sondern wohlfühlen.

Und so glaubte ich bereits nach der ersten römischen Nacht, die ich draußen, im Freien, verbrachte, fest daran, dass ich lange, sehr lange in Rom bleiben würde.

Jetzt, ja. Ich sehe mich jetzt, wie ich zwei Tage nach dem endlich bestandenen Abitur auf der *Stazione Termini* in Rom ankomme. Ich habe nichts als meinen alten Seesack mit wenigen Utensilien dabei, und als erste Anlaufstation besitze ich nichts als die

Adresse einer Kirche, die der deutschen Rom-Gemeinde gehört. Die Adresse habe ich von meinem Onkel erhalten, der mit dem Pfarrbüro der Gemeinde telefoniert und mich für den Morgen des kommenden Tages angemeldet hat.

Jetzt aber ist Nacht, es ist meine erste römische Nacht, und ich werde das wenige Geld, das ich bei mir habe, nicht für eine Übernachtung ausgeben, nein, ich werde meine erste römische Nacht im Freien verbringen. Und so gebe ich meinen alten Seesack an der Gepäckaufbewahrung ab und gehe ohne jedes Gepäck und nur mit einem kleinen Geldbetrag in der Tasche einfach los.

Ich stehe jetzt draußen im Freien, es ist kurz nach zweiundzwanzig Uhr, vor der *Stazione Termini* drängen sich die Ankommenden in die Busse und verschwinden ins Zentrum. Ich atme durch, ich bleibe stehen und schaue. Dort geht es zur Piazza della Repubblica, ja genau, und dort drüben ist das Thermenmuseum. Vor dem Bahnhof ballt sich eine wohltuende Wärme, die nach der langen Zugfahrt beruhigend wirkt. Ich gehe ein paar Schritte, spüre aber, dass mich etwas davon abhält, immer weiterzugehen. Ich habe es nicht eilig, ich habe Zeit, mich hier in der Nähe des Bahnhofs auf eine

Bank zu setzen und nichts anderes zu tun als zu schauen. Es sind etwa zweihundert Meter bis zur Piazza della Repubblica, einem kreisrunden Platz mit einer großen Brunnenanlage. Von dort geht der Blick einen breiten Corso hinab in die vom gelben Straßenlicht durchfluteten Häuserschluchten. Der unermüdlich fließende Verkehr. Die Kaffeearomen in der Nähe der Brunnen. Die hohen Pinien mit ihren hellbraunen, gefleckt im Neonlicht schimmernden Stämmen.

Ich setze mich auf eine Bank, es ist eine breite, kühle Marmorbank ohne Rückenlehne, es ist eine Bank für mindestens sechs Personen, die ringsum auf ihren Rändern sitzen könnten. Ein junges, schwarzhaariges Mädchen in einem fleckigen weißen Kleid setzt sich zu mir und bettelt um etwas Geld. Ich mache ein paar Zeichen: Ich habe kein Geld, und außerdem bin ich stumm. Ich bin eine stumme, beinahe mittellose und hungrige Person. Sie starrt mich an und schüttelt den Kopf. Ich begreife nicht, was sie von mir will, ich verstehe kein Wort von dem, was sie sagt. Sie legt ihre rechte Hand auf meine Schulter, als müsste sie mich beruhigen, dann verschwindet sie.

Später erscheint sie plötzlich wieder, jetzt hat

sie eine kleine, armselige Tasche dabei. Sie stellt die Tasche neben mir ab, holt zwei Gläser hervor und füllt sie aus einer großen bauchigen Flasche mit Wein. Sie sagt kein Wort, sie deutet auf die beiden Gläser, ich nehme eines in die Hand, wir trinken. Sie fragt mich etwas, ich nicke, sie fragt mich weiter, ich mache eine hilflose Geste, dann trinken wir aus, und sie verschwindet blitzschnell hinter meinem Rücken ins Dunkel.

Ich sitze und schaue weiter, ich bin ganz ruhig, es ist seltsam, aber ich habe nicht das Gefühl, an einem fremden Ort angekommen zu sein. Woher kommt das? Warum fühle ich mich nicht fremd? Was ist mit dieser Stadt?

Ich sitze da, als könnte ich mich nicht von der Bank lösen, bevor ich diese Fragen nicht beantwortet habe. Irgendetwas ist seit meiner Ankunft geschehen, aber ich verstehe nicht, was es ist. Ich spüre nur, dass ich anders als bei meinen sonstigen Fluchten und Reisen weder eine gewisse Anspannung noch irgendeine Unruhe empfinde, im Gegenteil, ich fühle mich leicht, unbeschwert, ja kurz davor, etwas zu singen. Ich will singen? Wieso will ich singen? Was, verdammt noch mal, ist denn bloß mit mir los?

Endlich stehe ich auf, überquere den Platz und gerate unter die hohen Arkaden eines Cafés. Die Menschen sitzen draußen im Freien, niemand nimmt von mir Notiz, ich kann an all diesen kleinen Tischen entlanggehen, ohne beachtet zu werden. Und wie ist es drinnen? Ich gehe in das Café und setze mich an die lange Theke der Bar, ich will etwas auf mein Wohl trinken, ja, ich will diesen einzigartigen Moment feiern, meine Freude, meine Erleichterung.

Als die Bedienung kommt, mache ich eine Trinkgeste und deute an, dass ich stumm bin. Seltsamerweise lächelt der Kellner und greift nach einer Flasche, die er mir hinhält. Wasser? Nein, ich schüttle den Kopf. Wein? Ja genau, ich strecke den rechten Daumen hoch, Wein, ein Glas. Er versteht mich, füllt ein Glas und schiebt es mir hin. Er will wissen, ob ich ihn verstehen kann, er fragt mich mit einer Geste beider Hände, ob ich taub bin. Ich bleibe ernst und verneine die Frage mit einem Kopfschütteln, nein, ich bin nicht taub, ich bin stumm. Er nickt und lächelt wieder, er hat mich verstanden. Ich greife nach dem Glas und trinke, der Wein schmeckt beinahe genauso wie der, den mir das junge Mädchen angeboten hat. Es ist ein leichter, unmerklich perlender Weißwein, wie ich ihn noch nie getrunken habe. In Deutschland habe ich fast überhaupt keinen Wein getrunken, und in Deutschland wäre ich nie auf den Gedanken gekommen, ein solches Café zu betreten und dort ein Glas Wein zu trinken.

Warum aber hier, in Rom? Warum bin ich gerade ohne jedes Nachdenken in dieses Café und weiter an seine Bar gegangen? Ich erkenne mich nicht mehr wieder, nein, ich handle nicht mehr so, wie ich sonst immer gehandelt habe. Irgendetwas ist passiert, aber ich komme immer noch nicht darauf, was es sein könnte. Ich sitze regungslos an der Theke, als müssten mir jetzt endlich Antworten auf meine Fragen einfallen, es ist ein beinahe zwanghaftes Sitzen, denn ich spüre, dass ich ganz nahe an einer möglichen Antwort bin.

Drinnen im Café ist es angenehm kühl, ich leere mein Glas und will bezahlen. Der Kellner aber winkt ab, es ist so in Ordnung, ich brauche nicht zu bezahlen, anscheinend hat der stumme Mensch, als der ich aufgetreten bin, ihn gerührt. Ich schaue auf die Preisliste hoch oben hinter der Theke und erkenne, dass ein Glas Wein nicht viel kostet. Einen so geringen Betrag kann ich bezahlen, ja, das geht. Ich hole das Geld hervor, der Kellner macht eine abwehrende Geste, aber ich bezahle, denn ich will von meiner Notlüge nicht auch noch profitieren.

Als ich den Caféraum verlasse und wieder draußen unter den Arkaden stehe, habe ich die Ankunft hinter mir. Wie leicht und schön es war, in Rom anzukommen! Und wie leicht mir hier alles fällt! Ich spüre mich kaum noch, ich habe fast keine Erinnerung mehr daran, wie umständlich und schwer alles einmal war! Ist das Freude? Reine Freude? Ist das, was ich gerade empfinde, nicht die reinste, unbeschwerteste Freude?

Als sich die Fragen und Gedanken so zuspitzen, spüre ich eine plötzliche Hitze im Kopf. Es ist wie ein glimmendes Kribbeln, wie ein sich entzündendes kleines Feuer, das Flammen nach allen Seiten sprüht. Was ist mit mir? Ich verlasse den Arkadenbereich rasch und eile zurück zu der Marmorbank, auf der ich zuvor gesessen habe. Ich zwinge mich, jetzt an nichts Schlimmes zu denken, aber es geht schon, die Hitze lässt bereits nach. Ich brauche mich nicht zu beunruhigen, nein, ich brauche es nicht. Und warum nicht? Weil ich fort bin, ja, ich bin fort, ich lebe nicht mehr in dem Land, in dem ich so viel Angst ausgestanden habe, *ich bin fort.*

Als sich diese drei Worte immer wieder in meinem Kopf wiederholen, verstehe ich plötzlich, was seit meiner Ankunft in Rom geschehen ist. Ich fühle mich frei, ja, das ist geschehen, die Ankunft in Rom ist verbunden mit dem Gefühl einer einzigen, großen Befreiung. Niemand umkreist mich, nichts rückt mir auf den Leib, man lässt mich *in Ruhe,* zum ersten Mal in meinem Leben lässt man mich ganz und gar in Ruhe. *Ich bin fort,* murmle ich und sage dann den ersten lauten Satz in der Ewigen Stadt: *Johannes, Du bist jetzt fort!* Und weiter: *Ich bin draußen, ich habe es endlich geschafft.*

Als ich höre, wie ich das alles sage, und als sich die Sätze mit dem Anblick der herrschaftlich schönen und weiten Kulisse verbinden, ist aber nun doch alles zu viel. Verdammt! Ich sitze auf einer römischen Senatorenbank und mir kommen die Tränen. Nicht einmal ein Taschentuch habe ich dabei, nicht einmal das! Und warum hört das Weinen nicht auf, warum nicht?

Es gibt nichts mehr zu weinen, es gibt hier keinen Grund für viele Tränen, Weinen und Tränen haben doch mit Schmerzen zu tun, aber ich empfinde hier keinen Schmerz. Nein, verdammt, wirklich nicht!

Keinen Schmerz! Ich bin schmerzfrei! Zum ersten Mal in meinem Leben habe ich das Gefühl, vollkommen schmerzfrei zu sein! Und deshalb ist jetzt auch Schluss mit den Schmerzgesten. Auch von den Schmerzgesten bin ich nämlich befreit. Kein Stummentheater mehr, überhaupt kein Theater der Hilflosigkeit! Schluss mit der Pantomime! Sag es noch einmal, sag es laut: *Johannes, Du bist in Rom!*

Ich schlucke und schlucke, während das Weinen nicht aufhören will. Es ist aber kein richtiges Weinen, sondern eine Art Strömen, ein ununterbrochenes Strömen von Tränen. Sie sickern aus meinen Augen wie ein Rinnsal, als könnte ich nichts dagegen tun. Und es stimmt, ich habe keinen Einfluss auf dieses Fließen, denn es kommt von einem mir unzugänglichen Zentrum im Kopf, in dem sich gerade einiges klärt. Bald wird das alles vorbei sein. Dann werde ich hinüber zu dem großen Brunnen gehen und mein Gesicht waschen. Und danach werde ich hinab in die Stadt gehen, und wenn ich Lust habe zu singen, werde ich, verdammt noch mal, singen! …

Etwas später habe ich mir das Gesicht mit dem Wasser des großen Brunnens gewaschen und gehe wirklich den breiten Corso hinab in die Stadt. Von einem der römischen Hügel gehe ich hinab in die römische Ebene. Dort sind die Kaiserforen, und dort hinten, das ist das Kolosseum. Ich gehe eine breite, nur noch wenig befahrene Straße an den Kaiserforen entlang auf das Kolosseum zu. Ich bleibe nicht vor ihm stehen, sondern umrunde es langsam. Von den sandigen Höhen, die es umgeben, weht ein weicher Kieferngeruch. Überall verstreut auf dem Boden liegen die Nadeln, braun und von der Sonne verbrannt. Der römische Teppich, der Teppich aus Pinien- und Kiefernnadeln.

Ich will jetzt nirgends lange verweilen, sondern eine nächtliche Spur durch die Ewige Stadt ziehen. Deshalb bewege ich mich einfach weiter und gehe die breite Straße zurück. In den dunklen, kaum angestrahlten Ruinen- und Tempelzonen brennen kleine Feuer. Ich sehe Menschen hin und her huschen, aber ich kümmere mich nicht weiter darum. Mein Ziel ist der Corso, die breite Gerade, die das römische Herz der alten Wohngegenden wie ein scharfer, massiver Hieb durchschneidet. Ich gehe auf einen fernen Obelisken zu, ich habe ihn fest im Blick.

Ich bin jetzt sicher, dass mir das, was mir eben passiert ist, nicht noch einmal passieren wird. Eine leichte, wunderbare Leere ist in mir, sie ist ein Zeichen dafür, dass ich keine Schmerzen mehr habe. Rechts und links, in den Seitenstraßen des Corso, sitzen die Menschen an kleinen Tischen und essen. Es ist weit nach Mitternacht, aber in diesen von kleinen Öllampen erleuchteten Seitenstraßen wird noch immer gegessen. Wie gerne würde ich mich jetzt dazusetzen! Irgendwann wird das möglich sein, irgendwann werde ich etwas Geld haben, um mich mitten in einer römischen Nacht mit ein paar Freunden an einen Tisch setzen zu können. Denn, jawohl, ich werde in Rom Freunde haben, das weiß ich. Seit ich in Rom unterwegs bin und die nächtliche Stadt durchstreife, weiß ich genau, dass ich hier zum ersten Mal in meinem Leben richtige Freunde haben werde. Ich werde mit ihnen essen und unterwegs sein, ich werde ein römisches Leben führen.

Als ich den fernen Obelisken erreicht habe, biege ich linker Hand Richtung Tiber ab. Dort muss der Tiber sein, und dort ist wahrhaftig der Tiber. Ich habe den Plan der römischen Innenstadt genau im Kopf, ich sehe ihn vor mir, Vater wäre stolz, wie genau ich den römischen Stadtplan im Kopf habe. Und wo ist Norden? Ich weiß genau, wo Norden ist, etwas nördlich des großen Obelisken muss sich die Milvische Brücke befinden, an der Konstantin gesiegt hat. Ich werde mir irgendwann einen ganzen Tag und eine Nacht Zeit für diese Brücke nehmen. Jetzt, wo ich auf den dunklen Tiber in der Tiefe blicke, ahne ich, wie es an der Milvischen Brücke aussieht. An den tief liegenden, breiten Ufern werden Feuer brennen, und die Bogen der alten Brücke werden im Wasser matt schimmern.

Ich gehe aber nicht nördlich, sondern mit der Strömung des Flusses. Die hoch liegenden Uferstraßen werden von mächtigen Platanen gerahmt. Allmählich lässt der Verkehr nach, ich passiere mehrere Brücken, und dann, unerwartet, nach einer kleinen, unmerklichen Krümmung des Flusses, ist es so weit: Ich sehe die Peterskirche, ich sehe sie jenseits des Flusses, ich sehe die ausatmende, mächtige, ruhende Kuppel und das schwache letzte Licht in ihrer schmalen Laterne hoch oben. Das Bild, das ich sehe, erscheint unglaublich entrückt, denn das, was ich nun sehe, ist keine Kirche mehr, sondern wirkt wie ein unbetretbares Jenseits. Wer hat das gebaut? Hat das überhaupt jemand gebaut? All das, was ich sehe, wirkt so makellos schön und so stimmig, als handelte es sich um eine Verkörperung der Schönheit selbst, um eine Verkörperung ihrer Idee, wie das Maß aller Dinge. Ich kann diesen Bau nicht in seinen Einzelheiten betrachten, sondern sehe ununterbrochen das Ganze, und dieses Ganze erscheint wie ein Modell.

Ich gehe über die Engelsbrücke hinüber zur Engelsburg, passiere sie aber, ohne sie weiter zu beachten. Dann biege ich auf die menschenleere Straße ein, die direkt auf die Peterskirche zuführt. Ich schaue auf die Uhr, es ist kurz nach zwei, mitten in der Nacht. Gleich werde ich den Petersplatz erreichen. Das große Oval liegt im Dunkel, nur die beiden Brunnen rauschen noch leise. Ich gehe auf den Obelisken zu und setze mich auf die Stufen, die zu seiner Basis führen. Ich habe die Peterskirche jetzt im Blick, das Hauptportal, die Loggia, die beiden Uhren, die Apostel Petrus und Paulus zu beiden Seiten und die ausschwingenden Kolonnaden. Hier werde ich eine Weile sitzen, hier werde ich das erste Licht abwarten.

Seltsam, dass ich nicht müde bin. Ich habe eine lange Zugfahrt hinter mir, komme mir aber vor, als wäre ich vollkommen frisch und bereits seit vielen Tagen hier. Lange habe ich nichts gegessen, aber das macht nichts. Ich habe zwei Gläser Wein und hier und da Wasser aus einem Brunnen oder einem der Wasserspender an den Straßen getrunken. Ich habe das starke Summen der Stadt noch in den Ohren, jetzt aber verebbt es langsam. Das vereinzelte Quietschen von Busbremsen. Der Windhauch, der lange auf dem Platz kreist und dann durch die Kolonnaden abzieht. Die klar leuchtenden Sterne, hinter die Kuppel gespannt, wie Leuchtsignale auf schwarzem Tuch. Ich lehne mich zurück gegen die Basis des Obelisken, ich strecke die Beine aus, was höre ich denn, ah, das ist es also, was ich höre, ich höre den alten Gesang: *Deus, in adjutorium meum intende/Domine, ad adjuvandum me festina …* – zwei-, dreimal höre ich dieses Summen, wie einen Refrain meines ersten römischen Spaziergangs. Herr, ich danke Dir, dass Du mich hierher geführt hast, Herr, ich danke Dir! Der Herr ist mein Hirte, mir wird nichts mangeln, auf grünen Auen lässt er mich lagern; an Wasser mit Ruheplätzen führt er mich …

Frühes römisches Glück 2

Das frühe römische Glück Anfang der siebziger Jahre bestand aus mehreren unterschiedlichen Momenten. Zum einen war es ein Glück des frühen Morgens, wenn ich die Stadt zu Fuß durcheilte und das sehr besondere römische Licht allein durch sein Dasein und seinen Glanz ein starkes Glücksempfinden auslöste.

Römisches Licht hat etwas Himmlisches. Es wirkt so, als befände sich hoch oben, in unendlicher Ferne, eine Region der grenzenlosen Weite und Freude. Genau dieses Empfinden nenne ich (für mich) oft »barock«. »Barock« ist die Gegenwart eines weiten außerirdischen Himmels, der den Menschen in guten Momenten zu seinem kleinen Zuschauer macht. Staunend erlebt er dann eine theatralische Offenbarung, deren Herkunft und Sinn sich ihm aber entzieht. Bewunderung, Ergriffenheit – das sind die typisch hilflosen Reaktionen angesichts »barocker« Explosionen.

Zum anderen gab es ein Glück, das durch eine durchaus vorhandene Geldknappheit und einen ewigen Hunger entstand. Denn eben weil ich kaum Geld hatte und mir jeden Tag überlegen musste, wie ich an etwas Essbares kam, empfand ich jede noch so kleine Mahlzeit als besonderen Genuss. Geldknappheit und Hunger intensivierten die Wahrnehmung und strukturierten sogar das Zeitgefühl. Vom Mangel getrieben, lebte ich nicht »in den Tag hinein«, sondern so, dass ich die einzelnen Tageszeiten getrennt und jede in ihren besonderen Rhythmen und Verheißungen erlebte.

Ein weiteres Glück schließlich war das der kleinen Gemeinschaften. Mit römischen Freunden irgendwo zusammenzusitzen, mit ihnen Musik zu machen oder über die neusten Platten zu sprechen – vielleicht habe ich Gespräche in solchen Runden nie wieder als so anregend empfunden. Der Grund dafür war, dass wir fast alle Musiker waren und fast ausschließlich über Musik sprachen. Kein »privater Klatsch«, kein Lamentieren über den Alltag oder kleine Psychosen! Viel eher die Frage: Claudio Arrau oder Sviatoslav Richter?! Wer von beiden spielt Beethovens Sonaten besser?!

Frühmorgens, gegen halb sechs, kam das Licht, es kam wie ein feiner Nebel aus kaltem Gold, glitt durch die Schrägspalten der Holzläden ins Zimmer und legte sich auf Stuhl, Tisch und Bett. Ich wohnte im obersten Stock eines großen Mietshauses der Via Bergamo in einer kleinen Pension, die Frau P., einer älteren Dame aus Südtirol, gehörte. Sie vermietete ihre Zimmer an katholische Priester, die ihre Exerzitien in Rom absolvierten, ich wohnte bei Frau P. umsonst, dafür musste ich für sie einkaufen gehen und noch vieles von dem erledigen, was ihr unangenehm war.

Unangenehm war es ihr zum Beispiel, ihre Mieter zu wecken und ihnen den Morgentee zu servieren, daher besetzte ich vor allen anderen das Bad, setzte später in der Küche den Tee auf, klopfte vorsichtig an vier Türen und stellte vor jeder ein Glas Tee ab, das in der Stille des Flurs dann vor sich hin dampfte.

Damals, Anfang der siebziger Jahre, hasste ich Tee, denn Tee war für mich ein Getränk des Nordens, niemand von meinen römischen Freunden hätte jemals Tee getrunken, und so trank ich ihn auch nicht, obwohl Frau P. ihn mir geschenkt und meine monatliche Kasse damit geschont hätte.

Meine monatliche Kasse nämlich bestand aus

genau einhundert Mark, von diesen einhundert Mark musste ich alle Ausgaben bestreiten, vor allem aber musste ich versuchen, mit ihnen jenen immensen jugendlichen Hunger zu stillen, den ein Glas Tee in der Frühe vielleicht schon ein wenig gedämpft hätte.

So aber verfolgte mich der Hunger schon kurz nach dem Aufstehen, er plagte mich, weil ich mir ein Frühstück nicht leisten konnte, und er verstärkte sich mit meinen ersten Schritten, weil ich aus Geldmangel den ganzen Tag zu Fuß gehen musste.

Ich verließ das Haus und schaute in der kleinen Bar neben dem mächtigen Eingangsportal des Mietshauses nach, ob Antonia hinter der Theke stand. Seit Antonia wusste, dass ich Pianist werden wollte und mir das Studium am römischen Konservatorium vom Munde absparte, spendierte sie mir allmorgendlich einen Cappuccino, schon wenn ich ihre Bar betrat, lächelte sie mir zu und schob mir wenig später stillschweigend die bis zum Rand gefüllte Tasse hin, noch heute trinke ich jeden Cappuccino unwillkürlich sehr langsam und mit einer so großen Andacht, als wäre er etwas Exquisites, an das man sich den ganzen weiteren Tag dann erinnert. Damals aber erinnerte ich mich wahrhaftig an alles, was ich tagsüber getrunken oder gegessen hatte, und kein Tag verging ohne sorgfältiges Kalkulieren und Planen der winzigen Mahlzeiten.

Den schwachen Milch-Flaum des Cappuccino noch auf der Zunge, eilte ich dann zu Fuß in die Stadt, kurz vor sieben überquerte ich die Piazza Navona und erreichte Santa Maria del Anima, die Kirche der deutschen Rom-Gemeinde, wo ich während des Frühgottesdienstes die Orgel spielte.

Wenn ich Glück hatte, durfte ich den Pfarrer nach der Messe hinüber auf die Piazza begleiten, meist nämlich wünschte er sich noch ein wenig Gesellschaft und trank in einer der teuren Bars der Piazza einen starken Caffè. Da in seinen Augen ein starker Caffè früh am Morgen für mich nicht gesund war, bestellte er mir einen Frullato, schon während des Orgelspiels hatte ich das Bild dieser Wunderdroge vor Augen, es war das Bild eines großen, kühlen und daher beschlagenen Glases, in dem die kurz im Mixer gequirlte und danach leicht schäumende Fruchtmilch langsam wieder zur Ruhe kam. Wenn ich das Glas an die Lippen setzte, schloss ich die Augen, einen Frullato zu kosten, war beinahe so, als kostete man püriertes Fruchtfleisch, für zwei, drei Stunden war ich von nun an gerettet und konnte mich anderen Aufgaben als der Nahrungssuche zuwenden.

Und so verschwand ich im Lesesaal einer Bibliothek, in einem Museum oder in einer der vielen römischen Kirchen, ich verstand diese Aufenthalte als Teil meines privaten kunstgeschichtlichen Studiums, das große Rom hielt mir seine Vorlesungen und Seminare und lenkte mich ab, schwierigere Prüfungen und Aufgaben standen mir erst wieder gegen Mittag bevor.

Denn spätestens gegen zwölf Uhr setzte die römische Mittags-Unruhe ein, die Lokale öffneten, die Tische wurden eingedeckt und die Küchenfenster weit aufgerissen, die ganze Innenstadt schien sich in ein von Flamme zu Flamme überspringendes Herd-Feuer zu verwandeln. Eine Stunde später waren die besten Plätze besetzt, wo auch immer es möglich war, wurde draußen gegessen, mit gierigen Augen flanierte ich an den langen Tischreihen entlang und sah den Römern beim Essen zu. Wie begeistert sie aßen, wie andächtig, wie viel Zeit sie sich ließen, in der Sonne zu sitzen, unter einem kobaltblauen Himmel, der ihnen ein solches Sitzen ja geradezu aufdrängte!

Um meinen Hunger zu betäuben, trank ich das römische Wasser, wenigstens das Wasser war an jeder Ecke kühl und frisch zu bekommen, ich hatte eine kleine Leer-Flasche dabei, die ich immer wieder füllte, schon vor Jahrtausenden hatten die Römer eine regelrechte Wasser-Passion entwickelt, es strömte in langen, sorgfältig konstruierten Leitungen aus allen nur denkbaren Richtungen und Bergen heran, nirgends auf der Welt, redete ich mir ein, gab es köstlicheres und besseres Wasser.

Wollte ich zu dieser Köstlichkeit aber mittags etwas zu essen bekommen, hatte ich mich zwischen nur wenigen Angeboten zu entscheiden. Das erste Angebot bestand in Form des großen Marktes auf dem Campo dei Fiori, gegen Mittag räumten die Händler dort ihre Stände und entledigten sich oft kleiner Obst- und Gemüse-Reste, die dann leicht umsonst zu bekommen waren.

Das zweite Angebot war die Mittagstafel freundlicher Vinzentinerinnen, die in einem hellen Speisesaal in der Nähe des Pantheons jeden Mittag eine Suppe ausschenkten und danach einen lang eingekochten, klebrigen Reis servierten. Weder die Suppe noch der Reis waren im Grunde genießbar, trotzdem zog es mich immer wieder an die christliche Tafel, denn sie war nach dem Vorbild unseres Heilands, der mit seinen Jüngern Brot und Wein geteilt hatte, mit vielen großen Brotkörben geschmückt, in denen frisch gebackene Brötchen, die sogenannten Rosette, lagen, von denen man sich so viel nehmen konnte, wie man nur wollte.

Das dritte und eindeutig verlockendste Angebot aber war die große »Tavola calda« am Largo Argentina. Hier ging der meist eilige Gast an einer langen Flucht von Vitrinen entlang, in denen die warmen, von kleinen Strahlern kunstvoll ins Licht gesetzten Speisen ruhten, Pasta zunächst, in allen nur denkbaren Kombinationen, dann gebratenes Fleisch, Fisch und Gemüse aller Art. Mit offenem Mund, ein Tablett in der Hand, ging ich gebannt an diesen nicht erschwinglichen Delikatessen entlang, ich zögerte und überlegte, ich machte halt und stand grübelnd vor einem Lasagne-Auflauf oder betrachtete nachdenklich die mit Pilzen übersäten dünnen Kalbsmedaillons, dabei kam all das doch für mich nicht in Frage, höchstens die Beilagen waren für mich mit einigem Geschick zu bekommen.

In der »Tavola calda« am Largo Argentina gab es den kleinen Teller mit maximal zwei Beilagen umsonst, es gab ihn allerdings nur für jene Gäste, die noch ein Hauptgericht wählten. Die Beilagen dienten, wie man im damals noch anderen Teil Deutschlands gesagt hätte, der Sättigung, es handelte sich vor allem um frittierte, mit ein wenig Käse gefüllte Reisklöße, um lang eingekochte und mit etwas Käse überbackene Auberginen oder um dünne, mit ein wenig Käsecreme gefüllte Kroketten.

Zwei Reisklöße mit überbackenen Auberginen – das war mein Traum, ich füllte einen kleinen Teller damit und trug ihn dann an der Kasse vorbei, deutete kurz darauf und sagte, dass ich mir noch einmal nachgenommen hätte, alles musste sehr rasch und selbstverständlich vonstattengehen, in den Stoßzeiten hatte ich damit meist Glück, ich lief einfach hinter dem Rücken der gerade bezahlenden und anstehenden Kunden vorbei, hob meinen Teller kurz an, murmelte meinen gut eintrainierten Spruch und verschwand zwischen den Tischen.

Ein- oder zweimal in der Woche wagte ich einen solchen Auftritt, und es waren besondere Tage, wenn ich mich dann an einen Tisch setzte, unendlich langsam die Reisklöße mit dem Gemüse verzehrte, die Brötchen der Vinzentinerinnen auspackte, mit leicht angestoßenem oder angeschrammtem Obst vom Campo dei Fiori abschloss und zu alldem römisches Wasser trank.

An sehr heißen Tagen aber packte ich alles in meinen Rucksack und zog hinunter an den Tiber oder in einen der großen römischen Parks, die schönsten Ruhe- und Essplätze befanden sich im weiten Gelände der Villa Borghese hoch über der Stadt. Dort aß ich im milden Schatten, las ein Buch und schlummerte ein, die malerisch gefüllten Vitrinen meiner »Tavola calda« zogen in meinen Träumen vorbei und regten neue Sehnsüchte an, vor allem sehnte ich mich danach, ein einziges Mal Calamari fritti kosten zu dürfen, denn die blassen und daher eine gewisse Vornehmheit ausstrahlenden Tintenfischringe in goldgelber, dünner Frittura hielt ich damals für einen Gipfel der Kochkunst, der höchstens noch von einer Portion römischer Kutteln (»Trippa alla romana«) übertroffen werden konnte.

Die »Tavola calda« am Largo Argentina bot diese Kutteln nur an besonderen Tagen an, »heute frische Kutteln« stand dann groß auf einer kreidebeschriebenen Tafel hinter den Vitrinen, Kutteln, dachte ich daher, mussten etwas ganz Einzigartiges, Besonderes sein, ich hielt sie für die kulinarischen Eingeweide Roms, die Summe ihrer geheimen, seit den Tagen der alten Römer tradierten Rezepte.

An den Nachmittagen ging ich endlich an die Arbeit, denn erst dann stand mir einer der Übungsräume des Konservatoriums zur Verfügung, es war immer derselbe kleine, staubige und schwach beleuchtete Raum, in dem sich außer einem Tisch und einem Garderobenständer nur ein Flügel der Marke »Blüthner« befand.

Ich öffnete das Fenster, ich setzte mich an mein Instrument und begann mit den technischen Übungen, doch von draußen schlich sich der mittägliche Rom-Duft ins Zimmer, es war eine schwere Mixtur aus Brataromen, Kaffee und Tabak, ich sog ihn mit geschlossenen Augen ein und ließ meine Finger gegen ihn ankämpfen, unbedingt musste ich jetzt Herr werden über diese Versuchung, gut, dass ich den Flügel hatte, denn er lenkte mich nicht nur ab, sondern nahm mich in diesen Stunden bald ganz für sich ein.

Schlimm wurde es erst wieder am Abend, denn am Abend, der eigentlichen Zeit der von den Römern lustvoll und ausgedehnt zelebrierten Gelage, ging ich meist leer aus, ausgerechnet für die schönste Mahlzeit des ganzen Tages fiel mir nichts ein, keine Tricks, keine weiterführende Idee, oft musste ich von dem zehren, was ich vom Mittag aufbewahrt hatte, zwei Rosette, etwas Obst und das zumindest etwas beruhigende römische Wasser.

Dafür aber gab es wieder sehr viel zu sehen, denn der Abend und noch mehr die Nacht waren die hohen Zeiten des Viertels Trastevere jenseits des Tibers, in ganz Trastevere saß man jetzt auf den Straßen und Plätzen, manche waren von langen Fackel-Fluchten erhellt, meist war ich ununterbrochen weiter zu Fuß unterwegs, an den bunten Tischreihen vor den Häusern entlang, den Besonderheiten der römischen Küche wenigstens in meinen Phantasien auf der Spur.

Wenn ich es gar nicht mehr aushielt, betrat ich ein Lokal, ging wiederum zögernd durch seine Säle und Räume, wiegte mich in der Illusion, einem Freund, der mich eingeladen hätte, zu begegnen und blickte auf die üppig gefüllten Tische mit geschmorten Artischocken und lang eingekochtem Ossobuco, in Rom, hatte ich ja längst verstanden, liebte man das lange Einkochen, seit Jahrtausenden ließen die Römer sich beim Kochen Zeit, verschwenderisch geschenkte und ohne jeden Blick auf eine Uhr verbrachte Zeit war Roms kostbarstes Gut.

Manchmal traf ich auf diesen Wegen auch wahrhaftig meine Freunde, die meisten von ihnen waren Italiener und machten Musik so wie ich, doch sie hatten Geld, oft sogar viel Geld, ich setzte mich zu ihnen und gab vor, schon gegessen zu haben, immerhin kam ich so an zwei oder drei Gläser Wein, oder es ergab sich eine Gelegenheit, etwas von dem, was sie gerade aßen, zu probieren, Kalbsnieren in einer dunklen, sämigen Rotweinsauce, Kalbsbries mit den besten Pilzen, die ich je gegessen hatte, Innereien aller Art waren, fand ich, das Beste an der römischen Küche, wenn es nach mir gegangen wäre, hätte ich mich ausschließlich von Innereien ernährt.

Von all dem aber hätte ich vielleicht noch monatelang träumen müssen, wenn ich nicht an einem schwülen Augustabend, an dem einem selbst im Freien, in den nächtlichen römischen Gassen, die stehende Wärme zu schaffen machte, in einen der alten römischen Weinkeller geraten wäre, die sich in Trastevere unter der Erde befanden.

Die meisten dieser Keller waren nicht zugänglich, aber ich hatte gehört, dass viele ihrer Besitzer sie angeblich zu privaten Festen und spektakulären Orgien nutzten, was dort genau stattfand, hatte meine jugendliche Phantasie sich immer wieder und auf gründliche Weise ausgemalt, nie aber war es mir gelungen, in diese geheimen Tiefen vorzudringen. Ausgerechnet durch Antonia, die Stifterin meines morgendlichen Cappuccino, geriet ich nun dorthin, sie und ihr Freund Giulio, der ein begnadeter Hochspringer war, nahmen mich an diesem Augustabend mit, von einem improvisierten Konzert war die Rede, ich hatte an so etwas wie die

Gastmähler des Lucullus gedacht und mir Gesang vorgestellt, dünnen, hohen Gesang zu römischen Speisen und eine auf dem Boden lagernde Festgesellschaft wie in Sandalenfilmen mit Feldherren wie Antonius oder Pompejus, die sich zwischen ihren Schlachten gern weich betteten und Wein tranken.

Stattdessen aber spielten in dem tatsächlich von Ölfackeln erleuchteten unübersichtlichen Gewirr der Kellerräume portugiesische Mönche, denen die Kurie Auftrittsverbot erteilt hatte, Jazz, und afrikanische Nonnen übersetzten gregorianische Choräle in die Klangwelten ihrer Heimat. So hörte ich Musik, die ich noch nie gehört hatte, es war die Musik eines unterirdischen Teufelszaubers, zu dem Nacht für Nacht Hunderte junger Menschen strömten, ohne dass man diese Zusammenkünfte irgendwo angekündigt hätte.

In den Kellern Trasteveres gab es immer etwas zu essen und vor allem zu trinken, mit der Zeit nannte man mich hier den »Pianista« und drängte mich, ebenfalls einmal aufzutreten, doch ich wagte es lange nicht und besprach mich mit Antonia, die mir ein Amulett mit dem Bild der heiligen Cäcilie schenkte, das mir helfen und Mut machen sollte.

An meinem neunzehnten Geburtstag spielte ich

in einem Keller Trasteveres Stücke von Alexander Skrjabin, es waren Stücke, die man im Konservatorium für unanständig und exaltiert hielt, für den römischen Untergrund aber genau das Richtige waren, mit der Zeit verschafften sie mir sogar so etwas wie einen ersten, noch auf Mundpropaganda beruhenden Ruhm. Wichtiger aber noch als diese Bekanntheit war für mich das Geld, das ich von nun an regelmäßig verdiente, denn ich wurde weiter eingeladen und engagiert, so dass ich mich revanchieren und Antonia und ihren Freund zu meinem ersten, selbstverdienten Abendessen einladen konnte.

Es fand in Trastevere statt, ich bestellte mir Calamari fritti, römische Kutteln und gegrillte Artischocken, und ich dachte, jetzt hast Du es geschafft, Du wirst nie mehr hungern, jetzt bist Du der Kaiser von Rom.

Venezianisches Glück 1

Vor noch gar nicht so langer Zeit kam ich mit dem Zug von einem längeren Aufenthalt in Venedig nach München zurück. Ich sollte am Münchener Hauptbahnhof von meiner Tochter abgeholt werden, sie erschien aber nicht. Während ich auf sie wartete, trieb ich mich auf dem Bahnhofsgelände herum, trank hier etwas, aß eine Kleinigkeit, begann, Zeitungen zu lesen.

Der Abschied von Venedig hatte mich melancholisch gestimmt, und ich hatte die ganze Zugfahrt von Venedig nach München damit verbracht, gegen diese Melancholie anzukämpfen. So hatte ich mich mit lauter Lektüren und viel Musik, die nicht an Venedig erinnern sollte, abgelenkt.

Als ich aber im Münchener Hauptbahnhof immer länger warten musste, weil meine Bekannte aufgehalten wurde und sich das Abholen immer wieder verschob, begann die anhaltende Melancholie plötzlich zu kippen. Ich spürte es genau: Plötzlich hatte ich das Gefühl, meinen Aufenthalt in Venedig nur kurz unterbrochen zu haben. Die mühsam bekämpfte Venedig-Nostalgie wurde so lebendig und stark, dass ich mit einem Mal spürbar glücklich im Münchener Bahnhof saß.

Innerlich war ich nämlich längst wieder nach Venedig zurückgekehrt, die Venedig-Nostalgie hatte über die Melancholie gesiegt – und so brauchte ich diesem nun immer stärker werdenden Glücksgefühl nur noch nachzugeben und in den nächstbesten Zug zu steigen, um dem wiedergefundenen Glück zu folgen und nach Venedig zurückzufahren.

Gegen sieben Uhr in der Früh kam ich mit geringer Verspätung in München an, im Bahnhof war es noch kühl, aber sonnig, ich ging den Bahnsteig langsam entlang, erleichtert, die lange Nachtfahrt endlich hinter mir zu haben. Ich mochte den Münchener Hauptbahnhof, er hatte zu dieser Uhrzeit etwas Luftiges, Weites und wirkte wie eine unaufwendige, helle Empfangshalle, in der man sich gut aufhalten konnte.

Ich vermutete, dass Lisa am Ende des Bahnsteigs auf mich wartete, aber sie war dann doch noch nicht da, so dass ich meinen Koffer auf einer Bank absetzte und sie über das Handy anrief. Sie meldete sich gleich, sie steckte, wie ich es mir schon gedacht hatte, im Stau, entschuldige, ich hätte früher losfahren müssen, flüsterte sie mit ihrer noch rauen Morgenstimme, macht doch nichts, antwortete ich, ich trinke einen Kaffee und warte auf Dich an der kleinen Espresso-Bar. Ich bin gleich da, sagte sie noch hastig, aber ich sah keinen Grund für ihre Eile, und so antwortete ich, lass Dir Zeit, ich bin gerade erst angekommen, ich werde es genießen, hier noch einige Augenblicke zu sitzen.

Ich nahm meinen Koffer und ging zu der Bar, ich bestellte einen Cappuccino und setzte mich auf einen der Barhocker, wohin soll's denn gehen, fragte mich der junge Italiener hinter der Theke, nirgendwohin, antwortete ich, ich bin gerade angekommen, ich komme mit dem Nachtzug aus Venedig. Er lächelte und pfiff leise vor sich hin, Venedig!, murmelte er mit einer leichten Verbeugung, als wäre ich ein Botschafter dieser Stadt und als müsse man mir deshalb besondere Ehren erweisen. Ich kostete den Cappuccino, er war gar nicht schlecht, konnte es aber mit dem Cappuccino in meiner venezianischen Morgenbar nicht aufnehmen, kurz stand mir ihr Bild genau vor Augen, die lange Theke mit den Tabletts, auf denen sich die hellen Tramezzini wie kleine Bausteine eines Puppenhauses türmten, die bunte Parade der Spirituosen-Flaschen auf den Regalen, die drei, immer wieder flüchtig von vielen Gästen zur Hand genommenen Morgenzeitungen auf dem seitlich, vor dem großen Fenster stehenden Tisch.

Ich hatte, wann immer es möglich gewesen war, die Stadtnachrichten von *Il Gazzettino* aufgeschlagen, ich hatte die exakten Daten von Sonnenauf- und -untergang gesucht, in derselben Rubrik waren die Namen der Tagesheiligen und die der Sternkreiszeichen notiert, gefolgt von einer leicht geschwungenen, wie eine Welle auslaufenden Linie, die den Wasserstand von Ebbe und Flut zentimetergenau von Stunde zu Stunde markierte.

Jetzt, in der Frühe, stand in Venedig das Wasser sehr tief, das algige, suppige Grün an den Fundamenten und Pfosten war wie ein breiter, dicht schimmernder Gürtel zu sehen …, während sich hier nun der Bahnhof rasch füllte und wieder entleerte, die aus dem Hinterland eintreffenden Züge stießen die in die Stadt davoneilenden Massen aus, die sich sofort nach allen Seiten und selbst zu den schmalsten Ausgängen hin zielstrebig verteilten, ich bestellte noch einen schwarzen Kaffee und betrachtete still das unruhige Bild der strömenden, sich nur wenige Meter vor mir in winzige Gruppen und Untergruppen teilenden Scharen.

Das Klingeln des Handys weckte mich aus meinen Träumen, Lisa meldete sich und sagte, dass sie weiter aufgehalten werde, sie sei in einen Unfall an einer Kreuzung verwickelt, aber nicht direkt, sondern nur als Zeugin, ein Fahrer habe in der Eile beim Linksabbiegen auf der Mitte der Kreuzung die Vorfahrt missachtet, sie habe den Unfall vorhergesehen, denn sie habe sich hinter dem späteren Unfallwagen in die Abbiegespur eingefädelt und schon geahnt, dass er ohne anzuhalten abbiegen werde.

Ist es schlimm?, fragte ich, nein, antwortete sie, nicht schlimm, aber unangenehm, ich sah genau, wie die beiden Wagen ineinanderkrachten. Wie lange wirst Du noch brauchen?, fragte ich. Eine halbe Stunde bestimmt noch, vielleicht auch länger, antwortete sie, die Polizei ist gerade erst eingetroffen, Du kannst Dir das ganze Kleinklein der Befragungen sicher vorstellen. Du kommst damit zurecht?, fragte ich, sicher, sagte sie, ich komme schon damit klar, aber was wird aus Dir, willst Du noch auf mich warten? Ja, sagte ich rasch, noch etwa eine Stunde lang würde ich warten, sollte es länger dauern, meldest Du Dich und ich nehme ein Taxi nach Hause.

Danke, Pa, sagte sie, es ist dumm, aber hierfür kann ich nun wirklich nichts, aber nein, antwortete ich, wer hat denn so etwas behauptet, mir geht es gut, ich besorge mir eine Zeitung und ein kleines Frühstück, etwas Bayrisches, etwas, das mich zu Hause ankommen lässt. Tu das, sagte sie noch, und ich hörte, wie erleichtert sie war, dann trank ich meinen Kaffee aus, zahlte und verließ die kleine Bar, um nach etwas Essbarem Ausschau zu halten.

In Venedig war ich am frühen Morgen nach dem ersten Kaffee meist zu Fuß zu einem entfernten Ziel aufgebrochen, ich hatte mich mit Hilfe des Stadtplans nur sehr flüchtig über die ungefähre Richtung informiert, war dann aber, als wäre es Ehrensache, den Plan nicht ein zweites Mal zu befragen, ohne weitere Hilfsmittel auf gut Glück losgezogen. Ich mochte den Rhythmus des kurzen Treppauf und Treppab an den schmalen, geschwungenen Brücken, ich unterbrach meinen streunenden Gang hier und da für einen weiteren Kaffee oder setzte mich einfach irgendwo auf eine Steinbrüstung am Rande eines Kanals, in dessen stillem Flaschenglasgrün die Sonnenschemen der anliegenden Häuser hin und her schaukelten.

Ich hatte mir in Venedig eine Auszeit von genau zehn Tagen genommen, und wirklich war es mir durch meine langsamen, ungestörten Spaziergänge gelungen, allmählich in der Stadt zu verschwinden. Von Tag zu Tag hatte ich mich immer mehr ihrer sanften Ruhe angepasst, indem ich in die entlegeneren und oft menschenleeren Gegenden ausgewichen war, ich hatte in halbdunklen, von der venezianischen Schwärze der Nacht noch durchtränkten Kirchen gesessen und mir ein Vergnügen daraus gemacht, durch den Einwurf eines 50 Cent-Stücks in einen Automaten ein einzelnes Altarbild zu erhellen, vor vielen solcher Bilder war ich allein gewesen und hatte sie mit einem winzigen Opernglas studiert, ich hatte mich an den aufwendig erzählten biblischen Szenen und Geschichten gar nicht sattsehen können.

Am dritten Tag meines Aufenthalts war ich in der Kirche San Salvador vor einem Bild der Begegnung des auferstandenen Christus mit einigen seiner Jünger bei Emmaus einem Kunsthistoriker begegnet, der sich auf einem eigens mitgebrachten Hocker stundenlang vor dem Bild platziert hatte, er hatte mir einige von der Wissenschaft diskutierte

Theorien über das Bild erläutert, und ich hatte ihn wegen seiner Passion und all der Zeit, die er sich nahm, um ein einziges Bild genau zu verstehen, sehr beneidet. Ich konnte mir gut vorstellen, auf solche Weise monatelang in Venedig zu bleiben, während der zehn Tage meines Aufenthaltes war ich sogar mehrmals Menschen begegnet, die das normale Zeitgefühl verloren und sich über Wochen und Monate venezianischen Zeitrhythmen hingegeben hatten.

Auf meinem Weg durch den Bahnhof wurde mein Koffer mir lästig, ich brachte ihn in einem Schließfach unter und fragte dann an einem Zeitungsstand nach der neusten Ausgabe von *Il Gazzettino*. Man sagte mir, dass jeden Tag genau drei Exemplare geliefert würden, in etwa einer Stunde wären sie zu bekommen, ich bat darum, mir eine Nummer zurückzulegen, und bezahlte, um sie ganz sicher zu erhalten, schon im Voraus.

Dann schlenderte ich durch den offenen Restaurantbereich mit den kleinen Theken, ich blieb an einer mit typisch bayrischen Speisen hängen und schaute zu, wie man mir von einem leicht schimmernden, angebräunten Laib Leberkäse ein Stück abschnitt und es in eine aufgeschnittene Semmel drückte. Ich rahmte die gesamte Kante der Scheibe mit einem breiten Streifen Senf und bestellte ein kleines Bier, an dem ich dann nippte, als wäre es eine exquisite, seltene Köstlichkeit.

In Venedig hatte ich kein einziges Mal Bier getrunken, ich hatte mir nicht vorstellen können, dass Bier in Venedig überhaupt schmeckte, hier aber, in München, spürte ich es mit seiner metallenen Kälte beinahe wie einen exotischen Sekt auf der Zunge, sein bitterer Sprudel löschte sofort meinen Durst und passte genau zu dem leicht salzigen Leberkäse, dessen glatte mattrosa Fläche von vielen rötlichen Punkten durchsetzt war, die ihn als durchsichtige, fette Pigmente wie einen porösen Hautlappen aussehen ließen. Ich betrachtete all die auf dem Grill bereitliegenden Würste, diese bayrische Theke war eine einzige Variation blutroter, an den Rändern in ein verschmiertes rembrandtbraun übergehender Töne, und mit ihren Schnitzeln und Haxen ein fast dramatisch erscheinendes Metzger-Stilleben.

Ich hätte gern ein Foto von all dem gemacht, wahrscheinlich fiel es mir als Besonderheit auch nur auf, weil es in Venedig solche offenen Wurst- und Fleisch-Stände mit Bergen von Gegrilltem nicht gab. Als ich aufschaute, wurde dieses mögliche Foto aber gleich von einem anderen Bild verdrängt, es war das Bild des jetzt zur Ruhe gekommenen Bahnhofs, in den das Sonnenlicht von beiden Seiten so hell hineinflutete, dass ich zu blinzeln begann.

Wie von einem leichten Übermut gepackt, steuerte ich wieder den Restaurantbereich an, natürlich gab es dort auch eine Theke mit italienischen Getränken und Speisen, ich bestellte einen Prosecco und schaute einen Moment zu, wie bereits die Mahlzeiten für den Mittagstisch vorbereitet wurden, große Platten mit in Olivenöl gedünstetem Gemüse wurden in den Vitrinen postiert, glitzernde Fischfiletstreifen mit Zitrone beträufelt, Lagen geviertelter, mit kleinen Thymian- und Rosmarinzweigen belegter Kartoffeln in einen Ofen geschoben.

Ich schlug die Stadtnachrichten von *Il Gazzettino* auf, ich ging sie in der gewohnten Manier durch und trank dazu meinen Prosecco, auch in Venedig hatte ich nach den morgendlichen Stunden des Fußwegs kurz vor dem Mittagessen ein kleines Glas Wein oder einen frischen Prosecco getrunken, ich dachte an die kleine Bar im Erdgeschoss des Hauses, in dem sich meine Wohnung befand, jetzt, vor dem Essen, füllte sich der niedrige Raum mit der dunklen Holztheke rasch und immer wieder neu, die meisten Gäste kamen nur herein, um ein einziges Glas zu trinken und ein kurzes Gespräch zu führen, dann verschwanden sie wieder, als genügten solche minimalen Mengen, um auf Touren zu kommen.

Rechtzeitig bevor das Essen serviert wurde, rief ich Lisa ein zweites Mal an, sie war gerade auf dem Weg nach Hause, stell Dir vor, ich habe Peter hier im Bahnhof getroffen, log ich, wir essen zusammen zu Mittag und gehen schon einmal die Projekte durch, die in meiner Abwesenheit liegen geblieben sind. Ach, Mensch, rief Lisa etwas empört, ich hatte mich so auf unser Essen gefreut, am Abend habe ich nämlich keine Zeit, ich übernachte bei Georg in Murnau. Tja, sagte ich leise, während mein Herz einen leichten Sprung tat, dann wird es wohl noch etwas dauern, bis wir uns sehen, mach es gut und grüß Georg von mir.

Ich schaltete das Handy aus, niemand sollte mich heute noch stören, ich befand mich längst in ganz anderen Zonen, auf geheimen Wegen zu den weißen Inseln der Zeit. Ich faltete den Stadtplan von Venedig auseinander und breitete ihn auf dem Tisch aus, nach dem Mittagessen hatte ich meist einen Vaporetto bestiegen und mich eine Stunde lang irgendwohin fahren lassen, ich hatte vorne, im Freien, gesessen, um den Atmosphären und Umgebungen möglichst nahe zu sein. Ich fuhr mit dem Finger die Anlegestationen des Canal Grande einmal ganz entlang, dann schaute ich auf und versuchte, sie mir in der richtigen Reihenfolge vorzustellen, ich dachte darüber nach, welche Stationen mir wegen des Namens oder ihrer Lage am besten gefielen, dann versuchte ich mich auch an den Stationen der anderen Linien, die den Canal Grande nicht weiter berührten.

Als das Essen serviert wurde, ließ ich den Stadtplan geöffnet liegen, ich bat den Kellner, den Teller und das Glas Weißwein ruhig daraufzustellen, dann zerteilte ich die von etwas zerlassener Butter umschäumten Seezungenstreifen in kleine Stücke und aß sie dann langsam, auch in Venedig hatte ich mittags nur eine kleine Mahlzeit verzehrt, ein Stück Fisch, etwas Gemüse, nie mehr.

Ich kostete den Fisch, ich trank einen Schluck Wein – so verbrachte ich einige Zeit, indem ich während des Essens mit meinen Blicken den Stadtraum Venedigs durchstreifte, ich saß an einem Tisch im Münchener Hauptbahnhof und war doch unterwegs in Venedig. Schließlich bestellte ich eine große Flasche Wasser und leerte gierig rasch hintereinander mehrere Gläser, nach der Mahlzeit schob ich dann den Stuhl etwas vom Tisch zurück, zog die Karte wie eine bunte Decke nahe an mich heran und ließ meinen Erinnerungen und Träumen endlich freien Lauf, lautlos schwamm ich durch die feinen, auf der Karte nur angedeuteten Seitenarme des großen Canal, ich verfing mich im Netz dieser Stadt, es war früher Nachmittag, aber hier, in der weiten Bahnhofshalle, floss das Sonnenlicht jetzt zu beiden Seiten hinab und ließ nur noch den letzten goldenen Zucker der Spiegelungen in einigen Fenstern und Scheiben zurück.

Ich schaute nach draußen, draußen begann es schon langsam zu dämmern, und noch weiter draußen, im immer näher rückenden Süden, würden die weißen Inseln der Lagune bald in der dunklen, schlierigen Tinte der Nacht versinken, und Schwärme von Vögeln würden lautlos aufsteigen, um ihre Ruheplätze bis zum frühen Morgen woanders zu suchen.

Ich ging langsam zu meinem Tisch zurück, ich hob den Stadtplan vom Boden auf und faltete ihn zusammen, ich trank den Kaffee aus, dann zahlte ich und begann einen kleinen Rundgang durch den Bahnhof. Ich wollte mir eine Fahrkarte kaufen und mich mit Büchern und etwas Reiseproviant versorgen, ich wollte mich einstimmen auf meine Rückreise, die, wie ich jetzt wusste, bereits am Morgen heimlich und langsam begonnen hatte und mich in kaum vier Stunden im Nachtzug nach Venedig zurückführen würde.

Venezianisches Glück 2

Freunde hatten mich gewarnt: Fahre nicht mit zwei kleinen Kindern nach Venedig! Kinder mögen die vielen venezianischen Brücken überhaupt nicht! Kinder folgen Dir in keine Kirche, kein Museum und keine noch so schöne Ausstellung! Kinder wissen überhaupt mit Venedig nur wenig anzufangen, weil sie die Schönheit dieser Stadt noch nicht richtig erkennen und begreifen!

Dann aber kam alles anders. Und das lag daran, dass Kinder einen eigenen Umgang mit der Fremde herausbilden. Wenn man sie lässt. Wenn man ihnen nichts vorschreibt. Und wenn man geduldig abwartet, bis es so weit ist. Mit meinem eigenen »Kulturprogramm eines Venedig-Liebhabers« wäre ich niemals weitergekommen. Und so bestand das Glück dieses Aufenthalts mit Kindern darin, den kindlichen Wegen und Erlebnisweisen einfach zu folgen und sie dann auch zu genießen.

Warum, verdammt, sollten die Wege der Erwach-

senen auch die einzig richtigen sein? Warum sollte man also die Lagune nicht auf Fahrrädern erkunden, anstatt faul, aber andächtig auf einem Ausflugsschiff zu sitzen? Und warum sollte man nicht durchaus mal in eine Gondel steigen, anstatt arrogant an einem Ufer zu stehen und blasiert zu bemerken, dass Gondelfahren nur etwas für ahnungslose Japaner sei?

Wie schön, sagt Lo, meine kleine Tochter, als wir das Flughafengebäude von Venedig verlassen, wie schön das hier ist! Lauter Boote und Wasser und die vielen Möven …

Und wo ist Venedig, fragt Lu, mein kleiner Sohn, ist das hier schon Venedig?

Nein, sage ich, Venedig liegt da drüben, in der Ferne, vielleicht könnt ihr zumindest einen Kirchturm erkennen.

Können wir nicht, sagt Lu, wir können gar nichts erkennen, am besten, wir fahren schnell hin.

Und wie fahren wir hin, fragt Lo und schaut sich die Boote und Schiffe genauer an, die Schiffe sind alle sehr voll, die nehmen wir nicht. Am besten wir nehmen ein Ruderboot oder ein Schnellboot, die sind schön leer, so dass wir gut Platz haben.

Mit einem Ruderboot brauchen wir einen ganzen Tag, sage ich, das dauert einfach zu lang, und die Schnellboote sind sehr teure Wassertaxis, die viel Krach und Lärm machen und hohe Wellen.

Ich mag hohe Wellen, sagt Lu, wenigstens einmal sollten wir mit hohen Wellen fahren.

Und dann greift er nach seinem Koffer und zieht ihn hinüber zu einem Wassertaxi, dem ein freundlicher, junger Venezianer entsteigt.

Moment mal, sage ich und laufe Lu mit all dem anderen Gepäck hinterher, Moment mal, nicht so schnell, aber da hat der freundliche, junge Venezianer schon die ersten Gepäckstücke genommen und sie in seinem Wassertaxi verstaut. Ich frage nach dem Preis für die Fahrt, und als ich den hohen Betrag höre, schüttle ich nur mit dem Kopf und mache mich daran, die Gepäckstücke wieder auszuladen, da aber geht der freundliche, junge Venezianer mit dem Preis etwas herunter, und ich schüttle noch einmal den Kopf, und er geht noch einmal etwas herunter, und dann fahren wir endlich los.

Venedig ist eine Stadt für Kinder, sagt der Mann an der Hotel-Rezeption, und dann holt er einen Kinderstadtplan heraus, auf dem alles farbig und heiter ist und lauter Spielplätze für Kinder eingezeichnet sind. Lo und Lu aber wollen nicht zu Spielplätzen, sondern immerzu Schiff fahren. Also kaufen wir eine Familien-Tageskarte, die uns erlaubt, ununterbrochen unterwegs zu sein und die Linien nach Belieben zu wechseln.

Wohin wollen wir denn fahren, frage ich und klappe den bunten Kinderstadtplan auf.

Nirgendwohin, sagt Lu, wir fahren einfach mal los, rundherum, dahin, wo es schön ist.

Gut, sage ich, fahren wir einfach mal los, und dann stehen wir auf der schwankenden Haltestelle, und das erste Schiff legt an, voll beladen mit Menschen.

Damit fahren wir nicht, sagt Lo, wir fahren nur mit einem Schiff, auf dem wir sitzen können, und zwar ganz vorne.

Bis so ein Schiff vorbeikommt, können Stunden vergehen, sage ich.

Macht doch nichts, sagt Lo, dann spielen wir eben so lang, bis das passende Schiff kommt.

Ich sage nichts mehr, und so warten wir, bis das nächste Schiff kommt, und ich atme erleichtert auf, als ich sehe, dass es ein beinahe leeres Schiff ist, mit freien Plätzen ganz vorne.

So fahren wir los, und Lu sagt: Wir hüpfen jetzt einfach von einem leeren Schiff auf ein anderes, immer, wenn wir ein leeres Schiff sehen, steigen wir um.

Ich sage wieder nichts, und so fahren wir eine Weile, und dann entdecken wir wahrhaftig ein anderes, fast leeres Schiff auf die nächste Haltestelle zulaufen, und so steigen wir um und fahren die Strecke einfach ein kleines Stück wieder zurück, um erneut umzusteigen.

Lo und Lu sind von diesem Fahren begeistert, sie nennen es »Bootsspringen«. Lo schreibt die Nummern der uns entgegenkommenden Schiffe auf, und Lu zählt die Menschen, die sich auf den Booten befinden, während ich Zeit habe, mir die Häuser und Wasserstraßen anzuschauen.

Nach einigen Stunden Bootsspringen sagt Lu: Noch schöner als die Schiffe sind die Gondeln, die Gondeln sind einfach am schönsten.

Stimmt, sage ich schnell, die Gondeln sind sehr schön, aber das Fahren ist furchtbar teuer.

Das hast Du bei den Wassertaxis auch gesagt, sagt Lo, und dann sind wir doch Wassertaxi gefahren.

Fragen wir einfach mal, wie teuer die Gondeln sind, sagt Lu, und dann läuft er zu einer Gondel, der ein freundlicher, junger Venezianer entsteigt, der Lu gleich hilfsbereit packt und in die Gondel hebt.

Moment mal, sage ich, und dann sagt der freundliche, junge Gondoliere: Venedig ist eine Stadt für die Kinder, sie lieben die Gondeln und das Wasser, und das Spiel mit dem Kopfschütteln beginnt und dauert so lange, bis wir losfahren, durch die kleinen, schönen Kanäle, durch die die großen Schiffe nicht fahren können.

Gondelfahren ist wunderschön, sagt Lo, die Gondel tanzt auf dem Wasser, und ich denke, sie hat vollkommen recht, die schönste venezianische Fortbewegungsart ist die mit der Gondel, da gibt es gar nichts, auch wenn noch so viele Japaner in Gondeln sitzen und andere Japaner in Gondeln fotografieren.

Am zweiten Venedig-Tag fragt Lu gleich am Morgen: Kann man in Venedig nur auf dem Wasser fahren?

Ja, sage ich, Venedig ist eine Wasserstadt, ohne Straßen und hässliche Autos, dafür mit schönen großen Plätzen, auf denen Kinder nach Herzenslust spielen können.

Dann gibt es nirgendwo etwas Land?, fragt Lu nach, wirklich nirgendwo?

Doch, sage ich, der Lido ist ein schmaler Streifen Land, direkt am Meer.

Fahren wir auch mal auf den Lido?, fragt Lu weiter, und als auch Lo darauf drängt, direkt ans Meer zu fahren, fahren wir zusammen hinüber zum Lido.

Wenn man die Schiffshaltestelle auf dem Lido verlässt, steht man vor einem Fahrradverleih.

Mensch, sagt Lu, hier gibt es ja richtige Fahrräder. Ich würde so gern mal Fahrrad fahren, mir ist von all dem Schifffahren schon ganz schwindlig.

Man kann hier Fahrrad fahren, sage ich, aber nur ein ganz kleines Stück, das lohnt sich nicht, und außerdem ist es auch ziemlich teuer.

Das hast Du bei den Wassertaxis und den Gondeln auch gesagt, sagt Lo, und diesmal ist sie es, die zu dem jungen, freundlichen Venezianer läuft, der einen Fahrradverleih betreibt.

Der junge Fahrradverleiher erklärt mir, dass man keineswegs nur ein ganz kleines Stück Fahrrad fahren kann, sondern Stunden, ja Tage, man muss einfach nur eine gute Karte dabeihaben und dann von einem Küstenstreifen zum andern übersetzen, mit den entsprechenden Fähren, einen Fahrplan für die Fähren hat er natürlich auch.

Und Sie meinen, wir kommen so wirklich voran?, frage ich.

Es ist die schönste Fahrt, die Sie sich denken können, sagt der junge Fahrradverleiher, und dann gebe ich all meine Widerstände endlich auf, und wir leihen uns drei Fahrräder aus und fahren einfach mal los.

Die Fahrradfahrt auf dem Lido stundenlang immer am Meer entlang ist die schönste Fahrradfahrt, die man sich denken kann, denke ich, als ich hinter Lo und Lu herfahre. Und dann setzen wir über, von einem Küstenstreifen zum andern, baden an leeren Stränden und bauen uns aus allerhand Strandgerümpel, das das große Meer irgendwann ausgespuckt hat, Robinsons Strandhaus. Venedig liegt irgendwo in der Ferne, nicht einmal ein Kirchturm ist noch zu erkennen, aber auch das ist mir egal, denn ich wundere mich längst nicht mehr, dass Lo und Lu immer genau ahnen, wie man sich am besten durch Venedig und um Venedig herum bewegt.

Venedig ist eine Stadt für Kinder, flüstere ich, und dann strecke ich mich im Sand aus und denke diesen Satz etwas weiter: Kinder nehmen eben eine instinktive Verbindung zu ihrer Umgebung auf, ganz natürlich, so, wie ein Vogel oder ein Fisch es vielleicht tun würde. In Venedig ist es am besten, den Kindern zu folgen, denke ich abschließend, und als ich hinauf in den Himmel schaue und die Möwen dort kreisen sehe, ahne ich, dass wir bald über die Lagune fliegen werden, nicht zu hoch, nicht zu tief, gerade so, wie es die Möwen uns vormachen …

Das Glück der abseitigen Zonen

Bestimmte Orte und Terrains mitsamt ihren Ritualen und ihrer jeweils eigenen Sprache hätte ich nie kennengelernt, wenn meine Kinder mich nicht eher zufällig dorthin geführt hätten. So habe ich mich bis zu einem bestimmten Zeitpunkt nicht besonders für Damenmode und all die Raffinements, die ihre Ausstrahlung ausmachen, interessiert.

Dann aber geriet ich zusammen mit meiner kleinen Tochter in ein Geschäft, in dem einfach alles stimmte: Die Verkäuferin, das Ambiente, der entspannte Umgang der Beteiligten miteinander. Was sich da vor meinen erstaunten Augen entwickelte und abspielte, war eine richtige Szene. Filmisch, getragen von einem Empfinden aller Mitspieler für Auftritte, die richtigen Worte, den abhebenden Dialog.

Das Glück der filmischen Szenerien bestand darin, dass man sich dem Alltag entrückt glaubte. Man wurde zum Teil eines abseitigen Drehbuchs, spielte eine bestimmte Rolle, freute sich darüber, dass auch die anderen ihre Rollen perfekt beherrschten, und handelte schließlich so verwegen und enthemmt, wie man im Alltag sonst nie gehandelt hätte.

Genau darin besteht die Verführung durch die Künste. Wenn sie eine starke Wirkung ausüben, verbinden sich unsere Innenwelten so stark mit den Kunstwelten, dass wir zumindest für eine bestimmte Zeit zu einem Teil dieser Welten werden. Wir sprechen und denken wie eine Filmfigur, wir gehen mit anderen Menschen so um, wie eine bestimmte Romanfigur mit anderen Romanfiguren umgeht.

Schließlich agiert man wirklich »mit Leib und Seele« in einem geschlossenen Kosmos. Man beherrscht seine Rituale und Sprachen und könnte jederzeit auch die Rollen tauschen. Wie gern hätte ich nach dem nun folgenden Erlebnis einmal die Rolle eines Verkäufers in einem Geschäft für Damenmoden übernommen!

Ich bin mit Lo allein in der Stadt unterwegs, wir kaufen Obst und Gemüse ein, sie begleitet mich dabei sehr gern. Wenn ich mit ihr so unterwegs bin, ist jedoch alles ganz anders, als wenn ich mit Lo und Lu gemeinsam unterwegs wäre. Ich weiß nicht, wie ich es erklären soll, aber es kommt mir manchmal so vor, als wäre ich nicht nur mit meiner Tochter, sondern auch mit einer Frau unterwegs, jedenfalls ertappe ich mich manchmal dabei, dass ich neben ihr so hergehe, wie ich neben einer erwachsenen Frau hergehen würde. Dabei bewegt sich Lo doch keineswegs »fraulich«, ganz im Gegenteil, sie begleitet mich eher wie eine robuste, gestandene Weggefährtin, die den Einkauf von Obst und Gemüse überwacht.

Heute Morgen zum Beispiel kommen wir an einem Laden mit Kinder- und Damen-Moden vorbei. Ich kann mich nicht erinnern, in meinem vorigen Leben irgendein Interesse für solche Läden aufgebracht zu haben. Ich habe einfach nicht an sie gedacht, sie kamen in meinem Kopf nirgends vor, und erst recht habe ich sie niemals betreten.

Daher kann ich auch nicht verstehen, warum ich heute Morgen, ganz gegen meine Gewohnheit, zur Seite blicke und in das Fenster dieses Ladens schaue. Es sieht alles sehr fein aus, sehr edel, in einem mir selbst nicht ganz deutlichen Sinne auch »britisch«. Die Kleider und Mäntel haben etwas von Wohlbefinden und dezenter Verwöhntheit und erwecken den Anschein, als passten sie vor allem zu großen Landhäusern mit vielen Zimmern, in denen selbst im Sommer immer ein Kaminfeuer brennt und ein moderat und betont freundlich hechelnder Hund einen schon an der Auffahrt zum Haupthaus erwartet.

Ich zögere nicht einmal, sondern öffne kurz entschlossen die Tür und bitte Lo, vor mir einzutreten, schließlich soll es im Innern der ländlichen Villa ja um sie gehen. Lo hüpft denn auch ohne etwas zu fragen, als gefalle ihr die Vorstellung, kurz nach England zu reisen, vor mir hinein, doch als ich die Tür hinter mir schließe, bemerke ich sofort, dass ich völlig unüberlegt und unvorsichtig ein Reich betreten habe, in dem ich mich nirgends auskenne.

Ich bemerke es an meiner Beklemmung und an der großen Zurückhaltung, die ich mir sofort auferlege. Am liebsten würde ich schweigen und sofort ganz zur Seite, ins Abseits, treten, um alles Weitere den Frauen zu überlassen. Stattdessen aber muss ich neben Lo stehen bleiben und mir einen passenden ersten Satz überlegen, während eine nicht zu junge, aber auch nicht zu alte Verkäuferin lächelnd auf uns zukommt.

Sie ist tadellos, nein, perfekt gekleidet und so attraktiv, dass es mir schwerfällt, nicht allzu lang hinzuschauen. Am liebsten würde ich sofort ein paar Schritte zurück machen, um ihre Erscheinung aus größerer Entfernung oder aus einem Versteck in Ruhe betrachten zu können, doch das ist jetzt nicht möglich, ich muss die Stellung halten und in meinen armseligen und zweifellos völlig deplatzierten Kleidungsstücken den Anblick einer Schönheit ertragen, die mich im normalen Fall nicht einmal eines Blicks würdigen würde.

Einen Moment lang überlege ich, wie viel Zeit sie wohl täglich auf ihr Äußeres verwendet, ich beginne, mir die vielen Minuten und Stunden vorzustellen, die sie mit der Pflege ihres weichen, glänzenden Haars verbringt oder mit dem langsamen Auftragen und Einmassieren von Salben und allerhand exotischen Cremes in ihre makellos samtene Haut, doch diese Vorstellungen beunruhigen mich etwas, und ein leichter Zorn steigt in mir hoch. Ich sage mir aber sofort, dass er nicht gerechtfertigt ist, weil ich ihr wahrscheinlich nur die viele freie Zeit etwas neide, die sie lustvoll und entspannt mit einer so wichtigen Tätigkeit wie der Pflege ihres Körpers verbringen kann.

Was kann ich für Sie tun, fragt sie freundlich, und am liebsten würde ich antworten: Alles, machen Sie neue Menschen aus uns! Doch ich reiße mich zusammen und erwidere fürs Erste einmal sehr unverbindlich und allgemein: Ich suche etwas für meine Tochter.

Die Antwort scheint ihr nicht einmal zu missfallen, jedenfalls lächelt sie weiter und resümiert: Ah, wie schön, der Vater sucht etwas für sein Töchterchen!

Für meine Tochter, nicht fürs Töchterchen, würde ich sie am liebsten sofort korrigieren, doch das würde die Stimmung wahrscheinlich gleich trüben. Irgendetwas an ihrer Art missfällt mir, aber ich weiß nicht, was es ist. Vielleicht hat es damit zu tun, dass sie mich ausschließlich als Vater betrachtet und nicht als Mann, denn während sie mich aus ihren leuchtenden, wachen Augen anschaut, kommt es mir so vor, als würde ich ein wenig schrumpfen. Es ist lächerlich, aber ich fange schon an, mich aufzurecken, auch liegt mir dauernd ein Satz auf der Zunge, mit dem ich sie ebenfalls ein wenig verunsichern könnte, etwas von der Art: Nun ja, seit dem Tod meiner Frau müssen Vater und Tochter eben so gut es geht allein zurechtkommen.

Aber nein, genau diesen Satz verkneife ich mir, weil er ihr Mitleid erregen würde, und ich möchte von ihr nicht bemitleidet werden, sondern anerkannt und geschätzt.

Was soll es denn sein, fragt sie nach, ein Kleidchen, ein Rock, eine Hose oder vielleicht ein Mantel?

Jetzt weiß ich, woran sie mich erinnert, sie erinnert mich an eine französische Filmschauspielerin, an Emmanuelle Béart, die in Claude Sautets Film »Nelly & Monsieur Arnaud« eine junge Sekretärin spielt, die sich in den viel älteren Monsieur Arnaud verliebt. Er gibt ihr eine Anstellung, sie soll seine Memoiren tippen, und dann zieht sie bei ihm ein, und die beiden beginnen, sich kennenzulernen, und gehen dann auch zusammen aus, ein ungewöhnliches, interessantes Paar, ganz anders als die vielen gleichaltrigen und meist jugendlichen Paare, die Liebesfilme sonst mit ihrem unreifen Geturtel belasten.

Wissen Sie, dass Sie eine große Ähnlichkeit mit Emmanuelle Béart haben, würde ich sie jetzt am liebsten fragen, und sie würde antworten: Aber ja, Monsieur, ich weiß, alles Nähere können wir vielleicht beim Essen besprechen.

Stattdessen aber sage ich: Ich habe offen gestanden gar nicht an etwas Bestimmtes gedacht, ich will meiner Tochter einfach nur eine Freude machen.

Ich verstehe, antwortet sie, und für einen kurzen Moment sieht es so aus, als würden wir uns wirklich verstehen. Am liebsten würde ich nach all der Anstrengung nun Platz nehmen, und als hätte sie genau das geahnt, sagt sie: Möchten Sie vielleicht Platz nehmen, ich bringe ihnen gern einen Kaffee.

Oh ja, höre ich mich, vielleicht etwas zu rasch und zu voreilig, sagen, ein Kaffee wäre schön.

Es ist angenehm, wie besorgt sie um mich ist, denke ich, ich bin ihr nicht gleichgültig, und sie hat auch nicht bloß Augen für Lo, sondern behält uns beide im Blick.

Lo, richtig, im Grunde geht es hier aber um Lo, denke ich weiter und schaue mich nach ihr um. Gelassen steht sie mitten im Raum. Sie betrachtet das Spielzeug, das auf einem Tisch ausliegt, ich vermute, sie überlegt, ob sie es anfassen soll. Du darfst ruhig damit spielen, sage ich, aber sie schüttelt nur stumm den Kopf, anscheinend gefallen ihr die Sachen nicht.

Was machen wir hier, fragt sie mich leise, und plötzlich kommt mir der Verdacht, dass ich diesen Laden vielleicht nur nicht gleich wieder verlassen habe, weil ich glaubte, Emmanuelle Béart zu begegnen. Es ist eine Schweinerei, denke ich weiter, dass ich Lo dazu missbrauche, die Bekanntschaft von Emmanuelle Béart zu machen, es geht hier ausschließlich um den Kauf eines Kleidungsstückes, und eine Sekretärin will ich nicht anstellen, obwohl ich mir eine gute Sekretärin schon manchmal gewünscht habe.

Du kannst einen neuen Mantel gebrauchen, sage ich zu Lo, jetzt fest zum Handeln entschlossen, und sie antwortet: Ein Kleid, ein Kleid ist viel schöner.

Wir suchen ein Kleid, sage ich zu Emmanuelle Béart, als sie mit dem Kaffee erscheint.

Ah ja, sagt sie und wendet sich jetzt an Lo, dann gehen wir beide mal hinüber zu den schönen Kleidern für junge Damen.

Jetzt übertreibt sie, denke ich und nippe an meinem Kaffee, »junge Damen« ist um eine Spur zu hoch gegriffen, ich möchte nicht, dass Lo als »junge Dame« behandelt wird, das hat etwas Affiges. Aber die beiden sind schon verschwunden, und so sitze ich jetzt allein an dem kleinen Tisch mit den vielen Mode-Journalen und beginne, ein wenig darin zu blättern.

Die Mode-Journale sind voller Emmanuelle Béarts. Sie lehnen mit verträumten Blicken in runden Türdurchgängen oder schauen durch große Fensterfronten in die Weite der Normandie. Ich lerne, dass sie zur Zeit Kleider mit plissierten Trompetenärmeln oder weite Pelerinen mit Knebelknöpfen bevorzugen.

Da kommt Lo angesprungen. Sie hat Schuhe und Strümpfe ausgezogen, sie kommt barfuß auf mich zu, sie trägt ein langes Strickkleidchen mit einer kleinen, fast unauffälligen Stickerei oben rechts. Seit wir uns getrennt haben, hat sie sich unglaublich verändert. Sie sieht älter aus, reifer, auch mit ihren Haaren ist etwas passiert.

Was ist mit deinen Haaren passiert, frage ich, als auch Emmanuelle bei uns eintrifft.

Ich habe sie mit einer schönen Schleife zusammengebunden, sagt sie, und Lo schaut in den großen Spiegel, wie sie wohl mit der schönen Schleife aussieht.

Das Kleid steht ihr wunderbar, sagt Emmanuelle, sie ist ja eine richtige Schönheit. Emmanuelle spricht laut aus, was ich die ganze Zeit denke, in diesem Kleid wird Lo ja zu einer richtigen Schönheit, denke ich.

Ich antworte aber nichts, sondern räuspere mich. Es ist ein Räuspern aus Verlegenheit, was soll ich jetzt sagen, im Grunde ist es mir peinlich, dass meine Tochter »eine richtige Schönheit« genannt wird, sie soll so etwas nicht hören, vielleicht bildet sie sich dann etwas ein auf ihre Schönheit und verbringt ihre Zeit später in lauter runden Türdurchgängen, einbalsamiert mit vielen exotischen

Cremes. Andererseits bin ich aber auch ein wenig stolz darauf, dass meine Tochter soeben den Status einer »richtigen Schönheit« erworben hat, so viele richtige Schönheiten gibt es nun wiederum auch nicht.

Wie gefällt dir das Kleid, frage ich sie, aber Lo ist nur mit der Schleife beschäftigt.

Sie ist wohl vor allem mit der Schleife beschäftigt, sage ich zu Emmanuelle, und dann lacht Emmanuelle, und auch ich lache ein wenig, und so lachen wir eben zusammen, wie Nelly und Monsieur Arnaud, denke ich und verbiete mir diesen Gedanken sofort.

Jetzt probieren wir noch das mit den roten Punkten, sagt Emmanuelle, und dann ziehen Lo und sie wieder davon. Wenn sie so davonziehen, haben sie etwas von Schwestern, denke ich. Wie kommt es nur, dass Frauen so leicht Schwestern werden, nur ein paar Handgriffe sind nötig und schon ist es geschehen?

Ich komme aber mit dieser Frage nicht weiter, ich sitze jetzt da, stumm und fassungslos, mit halb geöffnetem Mund, und verarbeite den Eindruck, den Lo eben auf mich gemacht hat. War das überhaupt Lo? Diese große, schlanke Gestalt mit dem

Pferdeschwanz? Die barfuß auf mich zugesprungen kam?

Ich nehme noch einen Schluck Kaffee und lege die Mode-Journale zur Seite. Ich hätte diesen Laden nicht betreten dürfen, denke ich, sie bringen einen hier völlig durcheinander. Da kommt Lo zum zweiten Mal angesprungen. Jetzt trägt sie ein noch etwas längeres, ärmellos-weißes Kleid mit roten Punkten, darin ist sie keine richtige Schönheit mehr, sondern gehört zum Schönsten, was ich überhaupt je gesehen habe.

Das reicht, sage ich laut, ich finde, das reicht.

Zauberhaft, sagt Emmanuelle, ganz zauberhaft. Lo steht einfach alles, sie ist das perfekte Model.

Zwei grobe Schnitzer in einem Satz, denke ich, sie sollte sich hüten, meine Tochter einfach mit Lo anzureden, und außerdem ist Lo kein Model, nie und nimmer, für so etwas gebe ich meine Tochter nicht her. Aber da sieht man es, sie legen es darauf an, sie ziehen einen hinein in ihre Etablissements und wedeln mit ihren plissierten Trompetenärmeln, es ist Zauberei, denke ich, es ist eine Art von Verhexung, und dann geben sie einem ein ganz anderes Kind zurück, das richtige haben sie ausgetauscht gegen eine richtige Schönheit, so wird es sein. Gefällt es Ihnen etwa nicht, fragt Emmanuelle, Sie schauen so kritisch.

Dochdoch, sage ich nüchtern, ich sehe nur gerade, dass wir nicht mehr viel Zeit haben.

Wo wollen wir denn hin, fragt Lo und dreht sich vor mir in ihrem rot gepunkteten Kleid.

Wir haben noch dies und das zu erledigen, sage ich, und als Lo mich anschaut, weiß ich, dass sie mir nicht glaubt. Hoffentlich nimmt sie jetzt nicht an, dass ich zu geizig bin, um ihr die schönen und sicherlich teuren Kleider zu kaufen, denke ich. Aber es geht nicht, diese Kleider verwandeln Lo in jemand ganz anderen, und ich weiß nicht, ob ich mit dieser ganz anderen schon etwas zu tun haben will.

Wir kommen ein andermal wieder, möchte ich jetzt gern sagen, aber da bemerke ich, dass Lo mich noch immer anschaut. Sie schaut ganz ruhig und still, sie bettelt nicht darum, dass ich ihr das Kleid kaufen soll, sie schaut nur in meinem Gesicht nach, wie es mir geht, denn anscheinend versteht sie etwas nicht, ja, das ist es, sie weiß in diesem Augenblick nicht, was in mir vorgeht.

Es ist der Moment, in dem mich ein Zorn auf mich selbst überfällt. Ich bin es, der hier alles durcheinanderbringt, denke ich. Lo und Emmanuelle wissen genau, was sie wollen, während ich hier steif herumstehe und ihnen zu guter Letzt auch noch in die Quere komme.

Darf ich einmal kurz mitkommen, höre ich mich laut sagen, ich möchte noch einen Blick auf die … Dings … werfen, na, jetzt komme ich nicht auf das Wort.

Sie meinen die Collection, sagt Emmanuelle, und dann lachen wir wieder beide, und ich denke an ein ganz bestimmtes Restaurant ganz in der Nähe.

Als wir vor der Collection stehen, habe ich endgültig aufgegeben. In aller Ruhe gehen wir noch ein paar der neusten Modelle durch, zauberhaft, ganz zauberhaft, sagt Emmanuelle immer wieder, und ich denke: Du warst ein Esel, dass du die Ästhetik der Mode jahrelang ignoriert hast. Jetzt, wo es darauf ankommt, kennst du dich nicht aus, das hast du davon.

Aber ich lasse mir nichts mehr anmerken, ich stehe aufrecht und entschieden neben Lo, drei neue Kleider wird sie bekommen, die drei schönsten, und welche das sind, bekommen wir auch noch heraus.

Als es so weit ist, deute ich mit einer kurzen Geste auf die auserwählten. Das, das und das, sage ich zu Emmanuelle, und da schaut sie zum ersten Mal, seit wir den Laden betreten haben, verblüfft zurück.

Sie haben aber Geschmack, antwortet sie, und ich sage, während ich über ihr »aber« nachdenke: Man hat ja noch Augen im Kopf.

Ich hätte genau dieselben genommen, sagt sie noch, und da muss ich mich nun doch zurückhalten, sie jetzt nicht zu umarmen. Gehen wir endlich essen, möchte ich sagen, aber dann sehe ich, dass Lo mich an der Hand nimmt und wir zusammen zur Kasse gehen. Sie trägt keines der neuen Kleider, sie trägt das vertraute Kinderkleidchen, sie ist beinahe die, die sie vor der Verzauberung war.

Ich habe so etwas noch nie gemacht, entfährt es mir, während Emmanuelle die Kleider einpackt.

Fürs erste Mal war es phantastisch, antwortet sie, und dann nehme ich die schwere Tragetasche in die Linke und greife mit der Rechten nach Los Hand.

Emmanuelle hält uns die Tür auf, und kurz bevor Lo und ich hindurch sind, zwinkere ich ihr dann doch zu, ganz knapp, als hätten wir gemeinsam das Ding geschaukelt.

Sie hat mir zugezwinkert, sagt Lo, als wir einige Schritte entfernt sind.

Ja, sage ich, sie war nett, sehr nett sogar.

Und dann löst Lo sich von meiner Hand und springt davon, und ich gehe mit der schweren Tasche hinter ihr her, und ich denke: Los, James, ein bisschen schneller, die junge Lady hat keine Lust, allzu lange auf Dich zu warten …

Das Glück der Liebesszene 1

Wie entstehen Liebesszenen? Eine ganz bestimmte Szene kann dadurch entstehen, dass die Anziehung durch ein bestimmtes Bild ausgelöst wird. Man sieht, schaut und ist erstaunt darüber, wie gelöst und selbstverständlich eine noch fremde Person zur Figur eines Bildes wird. Das gesamte Bild empfindet man als angenehm und störungsfrei, und die Bewegungen der noch fremden Person intensivieren dieses Bild.

Nach einigem Hinschauen möchte man selbst zu einer Figur dieses Bildes werden. Das aber soll nicht nur in stummem, betrachtendem Sinn geschehen. Man möchte vielmehr Kontakt aufnehmen zu der Figur, die das Bild und seine Ausstrahlung bestimmt, ja, man möchte eintreten in den weiten und geheimnisvoll wirkenden Raum, der sich da plötzlich so suggestiv vor einem öffnet.

Die männliche Hauptfigur meines Romans »Liebesnähe« beobachtet kurz nach ihrer Ankunft in einem Hotel eine Schwimmerin in einem tief gelegenen großen Pool. Sie ist dort allein, und sie schwimmt so gelöst und »für sich«, dass sie eine gewisse Autarkie ausstrahlt. Das hinterlässt rasch eine Wirkung: Der Beobachter beginnt, diese Wirkung festzuhalten. Er notiert, und er schreibt der Fremden am Ende sogar eine geheime Botschaft.

Dann aber übergibt er ihr diese Botschaft nicht, sondern überlässt es dem Zufall, dass sie sein kleines Schreiben findet. Warum das? Warum lässt er der Fremden den Zettel nicht direkt zukommen? Weil er den geheimnishaften Moment der Anziehung nicht zerstören will. Und weil er darauf vertraut, dass der Liebesmoment sich von selbst weiter entwickelt. Würde aus dem Moment nicht aus eigenen Kräften mehr und mehr, wäre das kein gutes Zeichen für die sich anbahnende Empfindung. Vielleicht wäre sie bald wieder »gelöscht«, vielleicht würde sie sich als ein Irrtum herausstellen.

Er schaut auf, als er eine Frau erkennt, die sich dem Pool in der Schlucht nähert. Sie trägt einen hellgrünen Bademantel und beugt sich hinab, um mit der rechten Hand kurz durch das Wasser zu fahren. Dann zieht sie den Bademantel aus und legt ihn auf eine Liege, neben der auch bereits eine dunkelblaue Sporttasche steht. Sie bindet ihre langen, blonden Haare zusammen, dann geht sie langsam an den Beckenrand und springt mit einem Kopfsprung ins Wasser.

Er zuckt kurz zusammen, als spürte auch er die plötzliche Kühle, er sitzt da mit leicht geöffnetem Mund, als hätte er noch nie eine Schwimmerin gesehen, die in diesen hell leuchtenden Pool dort unten springt. Er schaut ihr zu, wie sie langsam eine Bahn schwimmt, sie wendet und bleibt dann eine Weile unter Wasser. Sie schwimmt in einem sehr konstanten, zügigen Tempo, ändert aber immer wieder den Stil, meist schwimmt sie Brust, dann aber auch auf dem Rücken, er starrt jetzt hinunter auf dieses kleine Schauspiel, als würde es eigens für ihn gespielt und präsentiert.

Nach einigen Minuten schüttelt er über sein unablässiges Starren aber den Kopf, er versucht, sich an etwas zu erinnern: Wo hat er einmal Bilder eines Pools mit einem derartig gleißenden Hellblau gesehen, war es nicht neulich in einer Ausstellung, oder war ein solches Motiv unter den Fotografien, die er sich vor Kurzem in einer Münchener Galerie angeschaut hat?

Die junge Frau trägt einen schwarzen Badeanzug aus einem Stück mit einem orangefarbigen Oberrand, sie wirkt wie eine geübte Schwimmerin, vielleicht ist sie sogar eine Leistungssportlerin, jedenfalls macht dieses Schwimmen einen durchaus gekonnten Eindruck. Ohne ihr Tempo auch nur minimal zu verändern, zieht sie ihre Bahnen, das alles sieht sehr leicht und lässig aus, als machte es ihr nicht die geringste Mühe.

Er beginnt, die Bahnen im Stillen zu zählen, er bekommt den Blick gar nicht los von diesem glitzernden Schwarz, das wie aufgedreht im Wasser hin und her gleitet.

Als müsste er auf das alles sofort reagieren, öffnet er sein Notizbuch und schreibt, nachdem er zunächst Zeit und Ort notiert hat: *Der tief gelegene Pool und die Schwimmerin… – mein hypnotisiertes Schauen auf diese Erscheinung von Hellblau und Schwarz, mit einer Minimalspur von Orange. Dazu das starke Blond ihrer Haare. Eine reine Erscheinung von Farben, für das Auge sehr wohltuend, weil das Hellblau sich kaum verändert, während das Schwarz eine sehr einfache, vorhersehbare Spur zieht. Die reine Entspannung, für diese Frau, aber vielleicht noch mehr für mich, dessen Sehgenuss noch größer sein mag als der Genuss, den die Schwimmbewegungen verursachen.*

Er starrt noch immer hinunter auf den Pool, die Schwimmerin zieht ihre Bahnen jetzt etwas langsamer, sie schwimmt aus und aalt sich beinahe im Wasser, mal auf dem Rücken, mal auf der Seite, sie spielt einen leicht selbstverliebten Fisch, der in einem Aquarium von Hunderten müder Augen beobachtet wird und schließlich resigniert und sich kaum noch bewegt. Und wahrhaftig, er sieht jetzt, wie sie sich am Beckenrand hochzieht und das Becken verlässt, sie schüttelt sich kurz und eilt dann hinüber zur Liege, wo sie ein Handtuch aus ihrer Sporttasche zerrt.

Er befürchtet einen Moment, dass sie zu ihm hinaufblicken könnte, deshalb duckt er sich ein wenig, als könnte ihn diese Verlegenheitsgeste wirklich unsichtbar machen. Er überlegt auch, ob er aufstehen und davonschleichen soll, dann aber ruft er sich zur Vernunft und senkt den Kopf und blickt stur in sein Notizheft, in das er auf einer neuen Seite notiert: *Wer ist diese Schwimmerin? Ich habe ihr beim Schwimmen zugeschaut, und ich habe noch nie jemanden so gelöst und entspannt schwimmen sehen.*

Er reißt die Seite heraus und faltet sie zusammen. Dann steckt er den Zettel in eine kleine Spalte der

Holzbank. Vielleicht sieht und findet sie ihn, vielleicht auch nicht – er will das dem Zufall überlassen. Er schaut noch einmal hinunter in die Schlucht, sie trocknet sich gerade die Haare und schwingt sie zwischendurch heftig nach links und rechts. Dann reibt sie sich mit dem Handtuch sehr gründlich ab und schlüpft in den Bademantel. Gleich wird sie ihre Sachen zusammenpacken und den schmalen Pfad hinaufkommen.

Er atmet aus, dann steht er auf, steckt den gefalteten Zettel noch etwas tiefer in die Holzspalte und verschwindet, um die Sache wirklich ganz dem Zufall zu überlassen.

Das Glück der Liebesszene 2

Wie entstehen Liebesszenen? Eine ganz andere Szene als die des faszinierenden Bildes entsteht, wenn zwei Menschen, die sich gerade erst kennengelernt haben, auf beinahe mystische Weise ein gemeinsames Empfinden entdecken. Noch während sie ein erstes Mal zusammensitzen und eigentlich mit ganz anderen Themen beschäftigt sind, bildet sich eine Nähe, die sie beide zugleich als magisch empfinden. Beide zugleich! Nicht eine oder einer allein! Und beide so, dass sie diese Magie nicht nur bei sich bemerken, sondern auch vermuten, dass der andere sie an sich bemerkt! Natürlich wird darüber kein Wort gesprochen, die Magie kennt im frühen Stadium nur Andeutungen und eine eigene Zeichensprache der indirekten Verweise.

In meinem Roman »Die große Liebe« ist ein Münchener Filmregisseur in dem italienischen Adriaort San Benedetto del Tronto unterwegs, um für einen Dokumentarfilm über diese Meeresregion zu recher-

chieren. Dabei trifft er auch auf die Direktorin des meeresbiologischen Museums der Stadt. Beide vereinbaren, sich bei einem gemeinsamen Mittagessen über die Filmthematik zu unterhalten und auszutauschen. Als sie dann aber (mit dem Blick aufs Meer) nebeneinandersitzen, ergibt sich plötzlich ein unglaublich dichter Moment: Es ist, als übte das Meer eine bestimmte Magie aus. Als verteilte es seine Speisen (in der Form einer Fischsuppe) und als drängte es die beiden, einige Gläser Wein auf diese Momente des ersten Kennenlernens zu trinken. Um sie nicht nur zu genießen, sondern auch bereits zu feiern.

So entwickeln sich beinahe traumhafte Momente der Verständigung. Sie ergeben sich ganz selbstverständlich und bilden schließlich eine magische Kette. Es gibt nichts Störendes, die Welt bekommt darüber eine fast somnambule Gelassenheit. Und am Ende dieser Stunden ist beiden, ohne dass sie darüber ein Wort verlieren würden, klar, dass sie sich wiedersehen und wiedersehen und wiedersehen werden…

Wir betraten das Restaurant beinahe zugleich, *zu zweit*, dachte ich, es lag am Ende einer unansehnlichen, dunklen Straße inmitten kleiner Hafenwerkstätten, aus denen ein starker Benzin- und

Ölgeruch drang, und wirkte wie eine leichte, luftige Bühne, die man in einem verlassenen Winkel in den Sand gebaut hatte, die Wände waren aus Glas, zur Meeresseite hin öffnete es sich auf eine weite Terrasse.

Ein Kellner kam uns gleich entgegen, er begrüßte die Dottoressa, natürlich kannten sich beide gut, sie tat aber alles, um das übliche Zeremoniell herunterzuspielen. Sie sind zu zweit, fragte er, zu zweit, ja, sagte sie, nein, ach was, zu dritt, Dottore Alberti kommt etwas später. Sie steuerte geradewegs auf einen schattigen Ecktisch zu, sie nahm Platz, jetzt erschloss sich mir erst die große Schönheit des Bildes, das sich von der Terrasse aus auftat. Man blickte auf eine kleine Bucht, eine winzige Mole rahmte sie zur Rechten ein, das Meer in Küstennähe war hellgrün, an den Steinrändern sogar goldgelb, in der Ferne aber wölbte sich ein breites Blau wie das Segment eines Walrückens. Auf dem obersten Rand dieses Rückens schien sich eine kleine Flosse hin und her zu bewegen, es war ein dunkelrotes, einsames Schiff, das die Horizontlinie abfuhr.

Ich starrte auf dieses Bild, habe ich zu viel versprochen, fragte sie, nein, antwortete ich, wenn ich so belohnt werde, ertrage ich jeden Vortrag. Sie lächelte, aber sie sagte dazu nichts, stattdessen fragte sie nur, ob es mir recht sei, wenn sie die Bestellung übernehme, natürlich ist es mir recht, sagte ich, genau das habe ich ja erwartet. An der Art, wie sie sich nach dem Kellner umschaute, erkannte ich ihre Vorfreude, ich hatte richtig vermutet, sie aß und trank gern, mit Frauen, die nicht gerne aßen und tranken, dachte ich, hast du noch nie etwas anfangen können. Sie rührte die angebotene Speisekarte nicht an, sie bestellte *antipasti*, kein Gemüse, ausschließlich Fisch, die Weinbestellung übernahm sie gleich mit, ich hatte noch nie mit einer Frau zusammen gegessen, die ohne langes Reden den Wein bestellt hatte, eine Flasche Sauvignon, gut gekühlt, bitte.

Wir schauten einen Moment stumm hinaus auf das Meer, langsam kamen wir zur Besinnung, ich hatte die ganze Zeit das Gefühl, dass wir den Eindruck eines Paars machten, eines Paars, das sich gerade kennengelernt hatte und damit begann, sich Geschichten zu erzählen, nichts ist ja schöner als dieses erste Kennenlernen, wenn man um sein Leben erzählt, noch einmal weit ausholt und längst verloren geglaubte Geschichten wieder ausgräbt. Vielleicht, dachte ich weiter, verliebt man sich immer wieder, um sich sein Leben immer noch einmal von vorn und neu zu erzählen, ich hielt inne und versuchte, diesen Gedanken noch ein zweites Mal und noch präziser zu denken, beim zweiten Mal kam er mir jedoch nicht mehr so strahlend vor, eher christlich, beinahe sogar protestantisch.

Sie erzählte sehr ruhig, in einer etwas dunkleren Tonlage als sonst, ich starrte dabei die ganze Zeit hinaus aufs Meer, es war, als legte sich ihre Tonspur aufs Bild, und ich dachte daran, wie es wohl wirken würde, zu bestimmten, ausgewählt schönen Standbildern solche dunklen Erzählungen einzublenden.

Die Fischsuppe wurde in tiefen, weißen Tellern serviert, da haben Sie das halbe Meer, *in nuce*, sagte sie, *in nuce* gefällt mir, antwortete ich. Der Sud ist hochkonzentriert, sagte sie, sie kochen ihn hier tagelang, sie stellen einen Fond her aus Gemüse, Zwiebeln, Knoblauch und sehr viel Weißwein, und dann fügen sie immer wieder Fischstücke hinzu, Muscheln, Garnelen, Tintenfische, das alles kochen sie mit, auf sehr kleiner Flamme, es dickt gleichsam ein und wird, wie Sie sehen, tiefrot, die starke Farbintensität entsteht durch den Safran. Nach einer

Weile nehmen sie das Gekochte heraus und lassen die Suppe dann stehen, bis wieder etwas darin gekocht wird. Jetzt ist sie, schauen Sie, beinahe wie Öl, das intensivst Schmeckende und Beste, denke ich, was Sie hier essen können.

Ich stellte mir vor, wie ich von einem Meerbild langsam auf dieses Rot überblenden würde, so könnte man zeigen, dass diese Suppe ein Konzentrat all dieser Blau-, Gelb- und Grüntöne war, ihr heimliches, unterirdisches Feuer, ihr Magma. Ich probierte sie, noch nie hatte ich etwas von dieser Art gegessen, der Wein gab ihr eine gewisse Schwere und einen Grund, darüber schwebten die Treibstoffe, alles von einer leichten Schärfe, aber so, als bringe die Schärfe erst die vielen Nuancen hervor, Nuancen von honigartiger Süße und galliger Bitterkeit, die ganze Breviatur. Ich fragte, welche Fische sich besonders zum Auskochen eigneten, und sie sagte, es seien genau die, die sich im Sand vergrüben, Rochen also oder auch Schollen, diese Lebenswelt *im* Sand nenne man das Endopsammon, um sie von der *auf* dem Sand, dem Epipsammon, zu unterscheiden, die merkwürdigen Flügelbildungen der Rochen seien übrigens evolutiv wohl entstanden, damit sie sich schneller und beinahe vollständig im Sand vergraben könnten, jedenfalls sei das Endopsammon eben die Zone der eigentlichen Tiefen und daher wohl die beste Basis der Suppe.

Ich fragte weiter, auf seltsame Weise verwandelte sich ein Kochrezept in lauter meeresbiologische Details, fast hörte es sich so an, als setzte das gute Kochen nichts anderes um als ein solches Wissen. Die Unterhaltung gefiel mir, wir unterhalten uns glänzend, dachte ich, ganz glänzend, die Formulierung erinnerte mich an Rudolf, der einmal eine Art Theorie der, wie er gesagt hatte, glänzenden Unterhaltung aufgestellt hatte, eine kümmerliche Theorie auf der Basis des raschen Dialogwechsels, dachte ich jetzt, kümmerlich, weil es auf das Tempo der Unterhaltung nicht ankam, sondern darauf, dass jeder Satz beim Gegenüber ein Mitdenken auslöste, kein Nach-, sondern ein Mitdenken, also so etwas wie Phantasie, wie Assoziieren. Dann konnte man glauben, es falle einem dauernd etwas Neues ein, und zwar etwas Neues, das genau passte, eine glänzende Unterhaltung ergab sich also durch das Zusammensetzen kleiner Stücke zu einem gelungenen Mosaik, laufend war man mit der Suche nach den richtigen Teilen beschäftigt, genau, ja, das war es.

Während wir uns so unterhielten, starrte ich aber weiter aufs Meer und ließ das dunkelrote Schiff nicht aus den Augen, als sie es schließlich bemerkte, sagte sie, das Schiff da draußen ist übrigens das Forschungsschiff, das Sie nicht mögen. Es war einen Augenblick still, ich schaute weiter, als müsste ich ihren Satz überprüfen, sie lehnte sich etwas zurück, tupfte die Lippen mit der Serviette ab, legte sie beiseite neben den Teller und sagte, viel leiser als zuvor, es ist schön hier mit Ihnen.

Ich saß ganz still, ich hörte sie diesen Satz sagen, er kam so selbstverständlich und genau im richtigen Augenblick, dass ich es mir endlich gestand, ich liebe sie, dachte ich, ich liebe diese Frau neben mir. Wir schwiegen, wir schauten beide hinaus auf das Blau, der Tisch wurde abgeräumt, der Kellner fragte, ob wir noch ein Dessert wünschten, Eis, Obst, etwas anderes, einen Kaffee? Sie blickte zu ihm auf, sie nickte nur, sagte aber nichts, er begann, weitere Desserts zu nennen und sie sogar zu beschreiben, *un gelato di limone*, sagte er immer wieder, es handle sich um ein besonderes Eis, eigene Herstellung, ein Zitroneneis *in* der Zitrone, sie begann zu grinsen, als sie hörte, wie er sich umständlich um sprachliche Exaktheit bemühte. Wir gehen noch etwas am Strand auf und ab, sagte sie dann, derweil bringen Sie uns das Eis, sie stand auf, kommen Sie, gehen wir ein wenig, ich werde Ihnen etwas zeigen, forderte sie mich auf und streckte ihre Hand nach mir aus, korrigierte aber sofort diese Annäherung, als hätte sie sich zu weit vorgewagt.

Wir gingen ein paar Schritte auf einem holprigen Sandstück, sie zog ihre Schuhe aus, ich tat es auch, wir stellten sie neben einen verloren dastehenden Liegestuhl, dann gingen wir weiter auf dem glatten Sand der auslaufenden Wellen, dicht nebeneinander. Ich hatte starke Lust, sie zu berühren, am liebsten hätte ich sie umarmt und wäre in dieser Umarmung mit ihr ein Stück gegangen, das hätte ein sehr strapaziertes Bild ergeben, ich weiß, in jedem zweiten Film umarmten sich heutzutage ja zwei Menschen am Strand, dennoch, ich hätte sie gerne umarmt, und wenn es anscheinend nicht mehr als eine Pose war, dann konnte man auch nicht viel Dahinterliegendes vermuten.

Wir hatten uns einige Schritte voneinander entfernt, sie ging voraus, ich zögerte etwas, ich hatte nachzudenken begonnen, am liebsten hätte ich die Frage, ob Umarmen am Meer eine Pose war, an sie weitergegeben, das war aber unmöglich, ich musste allein damit klarkommen. Ich stemmte die Hände in die Hüften und schaute wieder aufs Meer, da wusste ich es, der Anblick des Meeres war einfach zu groß und zu berauschend, als dass man ihn gleichgültig hätte hinnehmen können, im Grunde wollte man vielleicht das Meer umarmen, eine starke Emotion suchte sich einfach einen anderen Halt, daher umarmte man einen Menschen und ging in dieser dichten Umarmung mit ihm am Strand entlang, so hatte man einen Ersatz-Halt gefunden. Im Grunde wäre es also ganz richtig und von der Natur der Sache her gerechtfertigt gewesen, wenn ich sie umarmt hätte, nur hätte das gleich wieder etwas bedeutet, ich hätte ihr damit etwas signalisiert, ein uralter Bildinhalt hatte das Bild eben verdorben und für andere, miese Zwecke missbraucht.

Ganz ähnlich, dachte ich weiter, ist es ja mit dem Sex, wie oft war ich einer Frau einen Abend lang nähergekommen, wie oft hatten wir uns gut verstanden, ein wunderbares Einverständnis, ein Sich-Tragen, hatte gleichsam aus dem Nichts begonnen und endete dann oft ganz unsinnig wieder dort, spätestens nach Mitternacht spukte die Trennung im Kopf, und es ging bergab, ein andermal, vielleicht sieht man sich wieder. Ich war immer der Meinung gewesen, dass ein solcher Abend nach Sex verlangte, die gegenseitige Anziehung lief doch auf natürliche Weise darauf zu, wer würde schon auf den Gedanken kommen, ein köstliches Gericht stundenlang vorzubereiten und zu kochen, um es am Ende dann nicht zu verzehren? Statt aber dem Einfachsten, der natürlichen Anziehung, zu folgen, brach man die Sache meist auf jämmerliche Weise vorzeitig ab, so etwas, fand ich, gehörte in eine frühere Epoche, es war einfach nicht auf der Höhe der Zeit. Mit dem jähen Abbruch des erotischen Austauschs folgte man jahrhundertealten Ritualen, die den Sex und die gemeinsame Nacht mit Bedeutungen aufgeladen hatten, jede noch so kleine Geste war früher Teil eines solchen Rituals gewesen, hinter jedem abgeworfenen Kleidungsstück hatte gleichsam schon ein Paragraph eines juristischen Kontrakts gelauert, Ehen, Kinder, Familien waren die Folge gewesen. Längst waren diese Zeiten vorbei, die Rituale aber hatten ihre Kraft nicht verloren, und so dämpften nach Mitternacht uralte, unbewusst weiter wirkende Traditionen die erotische Spannung, ich hatte so etwas immer verachtet und in besonders drastischen Fällen auch laut gesagt, erstaunlicherweise hatte ich gerade mit dieser Offenheit nicht selten doch noch Erfolg gehabt, wie auch anders, mit welchem Argument hätte man mir widersprechen können?

Sie war in einiger Ferne in die Hocke gegangen, sie fuhr mit einer Hand über den Sand, das Bild erinnerte mich an die vielen einsam am Meer stehenden Männer, die ich vom Zug aus beobachtet hatte, vielleicht schauten Männer häufiger als Frauen allein aufs Meer, vielleicht entzündete dieser Anblick eine Art sexuelles Träumen und beschwor Wünsche oder lockte Ahnungen an, Frauen jedenfalls schauten nach meinen Eindrücken weniger in die Weite, sondern eher an der Küste entlang, ihr Blick hatte etwas Kontrollierendes, während der männliche, vielleicht noch von der Seefahrt geprägt, den Horizont fixierte, dort schien das große Jenseits zu lauern, das andere, die Entfernung von allem, was Heimat bedeutete.

Ich dachte wieder an Rudolf, Rudolf liebte solche Vergleiche, er brachte ganze Abende damit zu und machte daraus regelrecht eine Art Sport, wie rühren Frauen mit einem Löffel in der Tasse, wie machen das Männer, mit welchen Handgriffen beginnt eine Frau die Autofahrt, mit welchen der Mann? Natürlich genügten ein paar zufällige Beobachtungen nicht, es musste einem etwas Scharf-Beobachtetes auffallen, etwas, das noch nie jemand bemerkt hatte, ein jeder aber hätte bemerken können, und dieses Scharf-Beobachtete musste sich auf älteste atavistische Momente zurückführen lassen, auf Ur-Szenen der Geschlechterprägung, dann war Rudolf zufrieden.

Ich gab mir einen Ruck, ich war in ein richtiges Träumen geraten, sie kauerte noch immer am Meer und winkte mir, näher zu kommen. Ich möchte Ihnen etwas zeigen, sagte sie, etwas ganz Einfaches, wie Sie es sich wünschen. Schauen Sie, wenn die Wellenzungen sich hier über den Sand zurückziehen, wird der überspült gewesene Teil wieder matt, und die Luft kann wieder eindringen. Man könnte glauben, das Wasser werde einfach von oben in den Sand eingefüllt, das ist aber nicht der Fall, es sickert seitlich zwischen den Sandkörnern ein und bildet im Sandkörper eine Art Fülltasche, die mit den Gezeiten immer weiter auf uns zuwandert. Vorn, an ihrer Spitze, bildet sich schließlich der Spülsaum, kleine Seebälle, Blätter, Sandhüpfer und Flohkrebse, mit bloßem Auge können Sie das nicht erkennen. Wenn Sie das Material aber in einen bestimmten Trichter einfüllen und es von oben mit einer Wärmequelle trocknen, wandern die Tiere nach unten, der Feuchtigkeit nach, und fallen Ihnen schließlich in einer Schale direkt in die Hände. Ist das einfach genug, entspricht es Ihren Vorstellungen?, fragte sie. Es ist genau, haargenau das, was ich mir vorgestellt hatte, antwortete ich. Gut, sagte sie, dann hätten wir schon *einen* geeigneten Ort für Ihren Film gefunden, hier ist der Sand ausgezeichnet, denn Baden ist hier nicht erlaubt, diese schöne Bucht wäre eine ideale Stelle für Ihre Bilder mit unseren dezenten, kleinen Experimenten.

Sie stand auf und ging zum Restaurant zurück, ich ging wieder neben ihr her, ich fand es ganz unmöglich, mich in wenigen Minuten von ihr zu trennen, als sie mich ganz überraschend fragte, was ich am Nachmittag vorhabe. Ich werde mir ein Fahrrad mieten, antwortete ich schnell, und was machen Sie? Ich würde Sie auf meinem Fahrrad begleiten, wenn Sie wollen, sagte sie, ich habe heute Nachmittag frei.

Im Restaurant waren wir die letzten Gäste, wir aßen das Eis schweigend und tranken noch einen Kaffee, jeder schien über das, was vorgefallen war, nachzudenken, vielleicht dachte sie ja etwas Ähnliches wie ich, vielleicht kam es auch ihr in diesem Moment so vor, als seien wir dabei, ein Paar zu werden. Ich ging an die kleine Bar, um dort an der Kasse zu bezahlen, ich beobachtete im Spiegel, dass sie unentwegt, wie gebannt, auf die Tischdecke starrte. Ihr Mund stand leicht offen, sie schien beinahe die Luft anzuhalten, sie dachte ununterbrochen über etwas nach, ich wusste es genau, es schien nicht leicht für sie zu sein, mit diesen Gedanken fertig zu werden.

Ich wartete an der Bar, bis sie aufstand und zu mir kam, der Kellner bot uns einen Averna an, die schweren Gläser tönten hell, als wir sie kurz gegeneinanderstießen. Sie sagte, sie müsse noch einmal, für etwa eine Stunde, ins Institut, gegen vier Uhr könnten wir uns treffen, sie erklärte mir, wo ich bis dahin ein Fahrrad auftreiben konnte, und wir vereinbarten einen Treffpunkt mitten in der Stadt. Sie schaute mich einen kurzen Moment prüfend von unten an, sie gab mir einen flüchtigen Freundschaftskuss auf die Wange und bat mich, sie jetzt allein hinausgehen zu lassen, ich wusste nicht, warum sie darauf bestand, aber ich nickte, und als sie hinaus war, bestellte ich noch einen zweiten Averna. Mit Eis oder ohne?, fragte der Kellner. Ohne, antwortete ich tonlos und blickte noch eine Zeitlang, ohne mich zu bewegen, auf den blauen Walrücken weit draußen.

Das Glück der Liebesszene 3

Wie entstehen Liebesszenen? In meinem Roman »Das Verlangen nach Liebe« ist ein Pianist zu Beginn am Ufer des Zürcher Sees unterwegs. In wenigen Tagen wird er ein Konzert in der Tonhalle geben. Innerlich ist er mit diesem Konzert beschäftigt, es wird Proben geben, er wird sich, so gut es eben geht, auf dieses Konzert vorbereiten.

Und dann kommt plötzlich und unerwartet etwas dazwischen. Am Ufer des Sees erkennt er eine Frau, mit der er vor langer Zeit einmal zusammen war. In dieser Zeit waren sie ein glückliches Liebespaar. Vom ersten Moment an entsteht in dem zuvor noch so ruhigen Betrachter eine erhebliche innere Unruhe. Sie wird von dem Wiedererstehen der Liebesmagie ausgelöst. Ihm ist, als hätten sie sich nie getrennt und als käme er wieder in genau jener Empfindung an, die ihre Liebe zuvor einmal getragen hatte.

So erlebt er eine Rückverwandlung. Mit einem Mal bewegt er sich wie ein schamhafter Pennäler, der sich nicht traut, die Geliebte anzusprechen. Er verfolgt sie, er schleicht hinter ihr her. Als könnte er nicht fassen, dass sie es wirklich ist! Das aber hat er eigentlich längst verstanden. Er hat verstanden und nachvollzogen, dass s i e es ist. Aber er hat noch nicht verstanden, dass mit ihrem Erscheinen die Liebe ebenfalls zurückgekehrt ist. Als ließe sie sich mühelos erneuern und wiederfinden! Als wäre sie eine Empfindung, die alle Widerstände, Zeitsprünge und Entfremdungen letztlich doch überwindet!

Ich sah sie am frühen Nachmittag jenes Tages, an dem ich in Zürich angekommen war. Ich hatte mein Hotel gerade verlassen und war die schmale, schattige Straße hinüber zum See gegangen, auf dessen Anblick ich mich schon eine Weile gefreut hatte. Inmitten der an seinem Ufer entlanglaufenden Kastanienallee war ich stehen geblieben und hatte den Anblick genossen: Die sanften, auf und ab schwingenden, schon leicht ins Dunkle gefärbten Hügel des gegenüberliegenden Ufers, das zu den Alpenketten der Ferne ausholende Graublau der stillen Wasserfläche, den Abdruck der auf ihr herumgeisternden Sonnenstreifen, die sich wie matte, breite Pinselstriche quer über diesen diffusen Grund legten. Ich hatte ausgeatmet, spürbar und erleichtert, diese Ankunft war noch schöner, als ich es erhofft hatte, die Szenerie, das Wetter und ein ruhiger Herbst spielten mit, im Normalfall wäre ich sofort zu einem langen Spaziergang am Seeufer entlang aufgebrochen, denn so hatte ich es ja geplant: gehen, weit gehen, langsam eindringen in dieses mir von vielen früheren Besuchen vertraute Terrain, nach einer oder zwei Stunden irgendwo am Ufer ein Glas Wein, und dann, vielleicht, mit einem Schiff wieder zurück.

Mein letzter Blick aber streifte die langen, parallel zum Ufer stehenden Holzbänke, auf deren Sonnenplätzen die jungen Paare saßen, Liebende, dicht aneinandergelehnt oder in den ältesten, zeitlosen Posen einander umschlingend, ich hatte diese Bilder nicht länger betrachten wollen, als mein Blick bei einer einzelnen Person hängen blieb, die zwischen all diesen Paaren lang gestreckt und anscheinend schlafend auf dem harten Holz lag. Ich erkannte sie sofort, *sie war es*, sie lag da, als hätten wir uns vor wenigen Stunden nur kurz getrennt, um uns genau hier wiederzubegegnen. Ich spürte, wie mich dieser Anblick durchfuhr, ich erstarrte und fühlte mein Herz schlagen, es konnte doch nicht sein, dass sie sich so wenig verändert hatte, ich hatte sie seit beinahe achtzehn Jahren nicht mehr gesehen. Ihrem Kopf hatte sie den braunen Lederrucksack untergeschoben, den sie schon früher immer dabeigehabt hatte, ein Bein hatte sie über das andere geschlagen und die Hände über dem Gesäß gefaltet, regungslos lag sie mit geschlossenen Augen da, die langen, blonden, leicht ins Rötliche changierenden Haare rahmten ihr schmales, strenges und oft so konzentriert wirkendes Gesicht. Achtzehn Jahre, rechnete ich noch einmal nach, beinahe achtzehn Jahre hast Du sie nicht mehr gesehen, nie hast Du die geringsten Anstalten gemacht, ihr erneut zu begegnen, und doch hast Du beinahe täglich einmal an sie gedacht, momentweise, wenn Dich irgendeine Kleinigkeit an das frühere, gemeinsame Dasein erinnerte.

Das gemeinsame Dasein …, ja, so hatte sie es immer genannt, ihre Formulierung war mit der Zeit zu einer stehenden Wendung in den acht Jahren unserer Liebe geworden, ein *Dasein …, gemeinsam,* so unpathetisch und schlicht und eben gerade deshalb so wahr. Denn in der Tat, es war ein gemeinsames Dasein gewesen, das wir geführt hatten, wir hatten uns, ohne jedoch zusammen zu wohnen, beinahe täglich gesehen und alle Ferienzeiten miteinander verbracht, jeder von uns hatte immer genau gewusst, was der andere gerade tat und wo er sich befand. Seit wir uns durch einen Zufall zu Beginn unserer Studienzeiten getroffen hatten, hatten wir uns nicht mehr getrennt, wir waren, wie es in Kinderbüchern heißt, »unzertrennlich« gewesen, ein junges, von der Liebe berauschtes Paar, das nie auch im entferntesten daran dachte, voneinander zu lassen. Dass es dann doch, ganz plötzlich und unvorhersehbar, zur Trennung gekommen war, hatte mich völlig aus der Bahn geworfen, ich hatte den schweren Schock lange Zeit nicht überwinden können, wie es ihr ergangen war, hatte mich nicht mehr interessiert, denn sie hatte diese Trennung verursacht, sie allein, ich werde davon später einmal erzählen.

An jenem Nachmittag aber, als ich sie wiedersah, dachte ich daran nicht, ich war viel zu sehr mit ihrem Anblick und meiner Erregung beschäftigt, erhitzt stand ich eine Weile still auf dem Fleck und machte dann, beinahe wie in Trance, ein paar Schritte zurück und seitwärts in die Allee, als müsste ich mich ins Dickicht schlagen oder ein Versteck finden, das mir erlaubte, mit diesem Anblick fertig zu werden. Zum Glück schlief sie, zum Glück hatte sie mich nicht bemerkt, ich hatte also ein wenig Zeit, mich auf diese unerwartete Begegnung einzustellen und zu überlegen, wie ich vorgehen wollte. Und so setzte ich mich auf eine der viel bequemeren und meist leeren Bänke, die sich etwas weiter vom Ufer entfernt in der Allee befanden. Ohne ihre Lehne zu berühren, nahm ich vorn auf der Kante Platz, als wollte ich gleich weiter und als handle es sich nur um einen flüchtigen Halt, der mir erlaubte, meine Taschen zu ordnen oder etwas zu rauchen.

Und wahrhaftig zog ich auch sofort die kleine Schachtel mit den kubanischen Zigarillos, von denen ich immer eine dabeihatte, hervor und legte sie neben mich auf die Bank, um dann in den Manteltaschen nach der flachen, kleinen Digitalkamera und dem winzigen Fernglas zu kramen, die mich ebenfalls bei vielen Spaziergängen begleiten. Auch sie legte ich neben mir auf der Bank ab, dann steckte ich mir ein Zigarillo an, was wäre, dachte ich, wenn der Wind den Rauch zu ihr herübertrüge und der Duft sie weckte?, wahrhaftig rauche ich noch immer dieselben Zigarillos wie in de[illegible]er-nen Tagen unserer gemeinsamen Jahre[illegible] war dieselbe Größe und Marke, manchma[illegible]te auch sie sich eines der kleinen, dunklen Dinger angesteckt, unsere Gemeinsamkeit war so weit gegangen, dass wir selbst die sonst unscheinbarsten Dinge miteinander geteilt hatten. Dann griff ich nach dem Fernglas und stellte es ein und betrachtete sie jetzt ganz aus der Nähe, in allen Details: Ja, sie hatte noch immer diese am oberen Bogen leicht geröteten, stark hervortretenden Backenknochen, ja, da war noch immer diese von der vielen Bewegung im Freien leicht gebräunte und straffe Haut, und gut zu erkennen waren auch die breiten, auffälligen Lippen, die ich niemals geschminkt gesehen hatte, niemals. Sie trug einen langen, fast bis zum Boden reichenden Mantel mit schwarzen, in dichter Reihe aufeinanderfolgenden Knöpfen und feste, flache Schuhe, auch sie war anscheinend zu einem längeren Spaziergang unterwegs.

Ach, wie oft waren wir früher gemeinsam gegangen, das stundenlange, ziellose Streifen durch Städte und Landschaften war unsere große Passion gewesen, ein nicht enden wollendes, aufmerksames Gehen zu allen Tages- und Jahreszeiten, ein Bestaunen der Welt, ein Einkehren hier und dort und ein ebenfalls nicht enden wollendes Sprechen, Erzählen und Phantasieren. Als ich daran dachte, wurde mir plötzlich ganz leicht, es war doch so einfach, jetzt aufzustehen und zu ihr hinüberzugehen und sie zu berühren wie früher und ihr einen Kuss zu geben und mit ihr dann weiter und weiter an diesem herbstlichen See entlangzugehen, auf dem jetzt, am frühen Nachmittag, die Segelboote kreuzten, die großen Segel so stolz und für das herabdämmern des Abends bereit, wenn das Sonnengold sich in ihre weißen Flächen flüchtete und dort verfing. Aber nein, dachte ich, auf keinen Fall, Du geduldest Dich jetzt, Du wartest, bis sie erwacht, vielleicht liegt sie hier, um auf ihre eigentliche Begleitung zu warten, vielleicht kommt einer daher, mit dem sie ihr Leben jetzt teilt, und dann lässt Du sie ziehen, ohne Dich ihr zu zeigen, Du lässt sie ziehen, hörst Du!, zu erkennen geben wirst Du Dich nicht, erst musst Du genauer Bescheid wissen, Du musst wissen, was sie hierherführt und was im Einzelnen sie in dieser Stadt vorhat.

Ich legte das Fernglas wieder zur Seite und machte mehrere Fotos, indem ich den Zoom immer wieder veränderte, dann betrachtete ich die Bilder nacheinander auf dem Display, es sah aus, als habe sie ein Fotograf genau an dieser Stelle postiert, das Sonnenlicht lag wie ein Spot auf ihrer langgestreckten Gestalt und hinterließ einige markante Schatten, so dass die Bilder ganz stimmig erschienen. Auch fremde Betrachter, da war ich mir sicher, hätten diese Bilder als stimmig empfunden, denn seit ich Judith kannte, war sie von Männern wie Frauen mehr oder minder heimlich betrachtet und oft wohl auch bewundert worden, sie war eine Person, die bereits beim ersten Anblick auffiel, nicht durch ihre Kleidung oder andere Äußerlichkeiten, sondern einzig durch ihre schlichte, ja altertümlich schlicht wirkende schöne Gestalt, die sie mit nur sehr wenigen Attributen versah und betonte. Schon bei unserer ersten Begegnung war sie mir wie die weibliche Figur eines alten Bildes erschienen, sofort hatte ich damals Bilder und Zeichnungen mit ihr in Verbindung gebracht und war daher gar nicht erstaunt gewesen, als sie mir später erzählte, dass sie Kunstgeschichte studierte, Kunstgeschichte im ersten Semester.

Als ich das Zigarillo ausdrücken wollte, sah ich plötzlich, dass Judith erwachte, sie richtete den Oberkörper auf und fuhr sich mit der Rechten durchs Haar, dann schaute sie auf die Uhr und streifte gleich darauf den Rucksack über, jetzt hatte sie es anscheinend eilig, denn sie stand sofort auf und ging los, zurück zur Quaibrücke und damit zurück zu den älteren Teilen der Stadt. Sie ging so rasch, als habe sie sich zu viel Zeit gelassen oder als habe sie noch einen dringenden Abendtermin, ihr unerwartet plötzlicher Aufbruch zwang mich daher zum Handeln, ich dachte nicht lange nach, sondern packte meine paar Sachen in die Seitentaschen des Mantels und lief hinter ihr her. Leicht gebückt und in mich gekrümmt, lief ich am äußersten Rand der Kastanienallee entlang, während sie einen Weg unten am See nahm, ich kam kaum hinter ihr her, so ein Tempo machte sie plötzlich, ihr langes Haar wippte auf ihren Schultern, auch hatte sie bereits kurz nach dem Aufstehen den langen Mantel vorne geöffnet, so dass er ihren Körper flatternd umwehte. Dieses leichte Flattern des Mantels, Judiths energisches, gezieltes Gehen – das waren erneut Bilder, die mich an die früheren Jahre erinnerten und daher berührten, am liebsten hätte ich sie jetzt gefilmt, wie sie die Quaibrücke ansteuerte und dann ganz selbstverständlich einen Weg dicht an der Limmat entlang hinein in die Altstadtzonen der Stadt nahm. Sie hielt sich eine Weile in der Nähe des Ufers, dann aber bog sie ab, ohne sich einen

Moment zu besinnen, noch eine kleine Steigung – und sie verschwand in einem Hotel, in dem ich kurioserweise selbst vor Jahren einmal übernachtet hatte.

Das Glück eines historischen Moments 1

Der überraschendste »historische Moment«, den ich erlebt habe, war die Öffnung der Berliner Mauer am 9. November 1989. Seit einer frühen Berlinreise mit meinem Vater im Jahr 1964 war ich immer wieder auf diese Mauer gestoßen – vor vielen Begegnungen mit Bekannten und Freunden in Ostberlin, vor jährlich mehrmals stattfindenden Reisen in die alte DDR. Die Mauer war das sichtbarste Zeichen dafür, dass dieses Deutschland im Osten sich in der Wahrnehmung mit einem nicht loszuwerdenden Schrecken verband. Die Folgen waren Zurückhaltung, Heimlichtuerei, Anspannung, in schlimmen Momenten auch Angst. So sehr ich mich auch freute, im Osten gute Freunde zu treffen, so unwohl und gehemmt fühlte ich mich doch jedes Mal.

Dass sich diese Gefühle von einem Moment auf den andern auflösten, und zunächst nichts blieb als »die reine Freude«, war ungeheuerlich und unheimlich. Hinzu kam, dass einem diese Gefühle durch ein

Medium wie das Fernsehen vermittelt wurden, das sonst in seinem Nachrichtenverhalten doch geradezu darauf abonniert war, die Katastrophe, das Unglück und das Scheitern auszustellen. An diesem Abend des 9. November 1989 aber reichte die übliche journalistische Bitterkeit nicht einmal mehr aus, um sich das nächste drohende Unheil hinter und nach »der reinen Freude« vorzustellen.

Seltsam aber auch, dass ich diesen Moment nicht nur als einen gewaltigen Glücksmoment für all die Ostbürger miterlebte, die nun ohne jedes Hindernis in den Westen gelangen konnten. Ich erlebte ihn sofort auch als Moment eines eigenen Glücks: endlich in einem Land zu leben, dessen Nachkriegszustand sich fast fünfzig Jahre nach dem Zweiten Weltkrieg nicht nur nach außen, sondern auch im Innern zu normalisieren begann. Ich würde nun überallhin reisen können, wohin ich früher so gerne länger gereist wäre: an die Ostsee, durch Brandenburg, nach Leipzig, Dresden, Weimar und Erfurt. Und all diese Regionen würde ich nicht mehr in der früheren Bedrückung und Zurückhaltung erleben, sondern als Terrains, die den Schrecken einer Diktatur verlieren würden. Nicht von heute auf morgen, aber doch allmählich und stetig.

Die dritte Sonderbarkeit dieses Abends: Ich befand mich in einer Gesellschaft, die zum großen Teil in anderen historischen Zusammenhängen aufgewachsen war. Für sie war dieser Abend kein »großes Ereignis«, sie lebten in und dachten an Südtirol und seine Geschichte. Und so erlebte ich den »historischen Moment« des Glücks am 9. November 1989 als »stilles Glück«, allein mit mir in einem Hotelzimmer vor einem Fernseher.

Amras bei Innsbruck *9. November 1989*

Hier geht es um Autobiographien. In diesem lang gestreckten Hotelraum mit den dunklen Ledersesseln sitzen Schriftsteller aus Österreich, der Schweiz, aus Frankreich und Gott weiß woher, um über das autobiographische Schreiben zu sprechen. Die Aufgabenstellung hat etwas Bedrückendes, sie macht aus all diesen Angereisten ergebene Schüler, die sich einem Pensum stellen und nur bestehen, wenn sie mit einigen besonders originellen Antworten auftrumpfen können. Gerade dieser Zwang zur Originalität läßt das Reihumsprechen aber jedes Gespräch verfehlen; man redet gegen die großen Fensterscheiben an, die den Raum nicht einmal richtig erhellen und in denen man der Spiegelbilder seiner Mitredner gewahr wird, all diese nachdenklichen und über der Konstruktion ihres Ego sorgenvoll gefurchten Mienen.

Vor vielen Jahrhunderten, sagt jemand, hat die Literatur sich ausschließlich an antike oder christlich-religiöse Themen gehalten; dann lieferte die Natur den Stoff, dann die Gesellschaft, heutzutage ist nur noch der Autor übrig geblieben, allein mit sich selbst. Auf diese markante Feststellung hin schnellen kurz vor Mittag alle Beteiligten hoch, so als hätte man sie unerwartet mit einer Droge geimpft, deren heilende Wirkung sie nun sofort beweisen müssen. Einige Redner fangen gleich an, ihren Beiträgen etwas Leidenschaftliches zu verleihen, als hätten sie wahrhaftig nie an etwas anderes als sich selbst gedacht. Glücklicherweise wird im Nebenraum zum Mittagessen gedeckt, was rasch zu einer Streuung der Interessen führt.

Im Zentrum dieses Treffens herrscht das strenge Ritual, sich dem Thema des Autobiographischen zu unterwerfen; alle schleppen schwer unter dieser Last, die ihnen brillante Einsichten und autobiographische Aperçus abverlangt. An die Ränder aber haben sich die regionalen Themen verlagert, darunter das hier dominante der Vergangenheit und Zukunft Südtirols. Viele der Anwesenden scheinen sich seit ewigen Zeiten mit nichts anderem beschäftigt zu haben, was mich derart erstaunt, dass ich, um diese Gespräche von ihrer Lethargie zu befreien, dreist behaupte, Südtirol bringe man in Deutschland nur mit Österreich in Verbindung, nie aber mit Italien, im Wissen der Deutschen sei Südtirol fest in Österreich verankert, wie ein Bundesland. Woraufhin ein aus Trient angereister Professor, der leider neben mir sitzt und dessen Fachgebiet ich nicht mitbekommen habe, mich fast zwei Stunden lang mit einem geradezu schauspielreifen Schweigen überzieht.

Abends sitzen alle um den langen Tisch im Speisesaal, das Essen war ausgezeichnet, da ist man sich einig, erst jetzt zerstreut sich das Gespräch, und die den ganzen Tag lang herauspräparierten Autobiographien erhalten endlich etwas befreiend Normales, so dass man sich traut, von etwas völlig Belanglosem zu erzählen. Nur das Thema Südtirol ist auch jetzt noch präsent wie eine schwere, drohende Wolke, die jederzeit ihren feuchten Wortregen abwerfen könnte, so dass ich mich bemühe, lange von Sofia zu berichten, was sich in diesem Speisesaal in der Nähe der Berge um Innsbruck so anhört, als spräche ich von der abessinischen Weite. Aber auch Deutschland ist hier momentan noch ganz fern, man möchte, das ist leicht zu erkennen, darüber nicht allzu gern reden, Deutschland ist ein Reizthema, das könnte die gerade angeregten Gesprächskonventionen nur verletzen. Und so meidet die große Runde mit vorsichtiger Scheu die schweren Ländernamen; man hält sich ganz ans Lokale, man erzählt von den Details in den kleinen Winkeln der Welt, es hört sich an, als bohrte man in diesen Kindheitsecken nach den Brunnentiefen der Wahrheit.

Kurz vor Mitternacht. Die Gesprächsrunde hält sich jetzt in der Großelternphase auf, da meldet ein vorbeihuschender Kellner, sehr diskret, als könnte man sich an dieser Meldung verschlucken oder als würfe er sie nur so nebenbei in einen Haufen von Serviettenknödeln, dass das Fernsehen live aus Berlin übertrage, wo justament, justament die Mauer gefallen sei. Er schüttelt dabei den Kopf, aber so, als sei ihm diese Meldung lästig, als müsste er sie nur der Pflicht wegen vorbringen und als könnte man sich nun wieder den alten Geschichten zuwenden. Niemand versteht. Diese diskret vorgetragene Meldung ist nicht zu verstehen. Was soll das heißen, dass die Mauer gefallen sei? Was soll man sich darunter vorstellen? Oder handelt es sich um irgendeinen originellen Mitternachtseinfall der Gastgeber, die dem autobiographischen Reden endlich ein paar Glanzlichter entlocken wollen?

Einige machen sich auf den Weg in ihre Hotelzimmer, um die Meldung zu überprüfen und zu sehen, was dran ist an diesem Gemunkel. Auch ich eile hinauf, in das kleine Zimmer unter dem Dach. Als ich die ersten Bilder aus Berlin sehe, steigt ein Glücksgefühl in mir auf, wie ich es noch nie bei Fernsehbildern erlebt habe. Es ist das Glück der vollkommenen Überraschung, als nehme eine völlig verfahrene Geschichte von diesem blitzhaften Moment an eine Wende ins Märchenhafte. In diesem Rausch scheint es nur noch eine einzige Gegenwart zu geben: Jetzt! Jetzt! Die Menschen passieren die Grenze, als ginge es darum, dieses Zielband zu durchstreifen, hinüber, in die gerade mit diesem Moment beginnende Zukunft.

Die Schönheit dieses Moments: dass das Unvorhersehbare und jahrzehntelang nicht mehr Erhoffte eintritt wie eine Laune der Geschichte, die den Menschen auf beiden Seiten der Mauer mit einem winzigen Kunstgriff die einfachste Lösung präsentiert. Als hätten die olympischen Götter dieser Mauer irgendwo einen kaum merklichen Stoß versetzt, damit sie in sich zusammenfalle und dieser Fall das lange, unermüdliche Reden endlich beende.

In dieser Nacht gibt es nichts mehr zu reden, jedes Reden versagt vor dieser Gegenwart und würde sie nur zerlegen in eine schlechte Vergangenheit und eine unvorstellbare Zukunft. Es ist besser, sich diesem Zeitstrom zu überlassen, diese Bilder sprechen für sich, und nur die Moderatoren versuchen, den Beteiligten ein paar schmückende Worte abzugewinnen. Schade, dass alles kommentiert werden muss, denn der Kommentar hat den Tonfall von gestern, er ist, wie man jetzt sagen kann, keinesfalls auf der ›Höhe der Zeit‹.

Später gehe ich noch einmal kurz hinunter, um mir eine Flasche Sekt zu besorgen, die ich für eine einsame Feier mit aufs Zimmer nehmen will. Unten, im großen Speisesaal, hat sich die Überraschung bereits gelegt. Man spricht wieder von Südtirol, als machten diese deutschen Ereignisse unnötig viel her und als sei es darum besser, wieder zur Tagesordnung überzugehen.

Am nächsten Morgen. Nein, ich kann jetzt nicht mehr in diese Gesprächsrunden über das Autobiographische einsteigen, gerade jetzt kann ich es nicht. Ich versuche noch einen halben Vormittag zuzuhören, aber es geht nicht, die Bilder der vergangenen Nacht sind stärker. Die Geschichten, die ich um mich herum zu hören bekomme, scheinen auch aus ganz anderen Zeiten zu stammen, nicht einmal aus der Vergangenheit, sondern aus Vorvergangenheiten.

Am Mittag fahre ich nach Innsbruck hinein, aber natürlich ist auch dieses Innsbruck jetzt nicht das Rechte. Ich stöbere an den Zeitungsständen entlang, vielleicht bin ich nur dieser deklamierenden Zeitungen wegen nach Innsbruck gefahren. Ich setze mich kurze Zeit in ein Café, um diese Jubelfanfaren genauer mitzubekommen. Die Gier, alles noch einmal zu lesen, wie ein Kind, das vom guten Ausgang seiner Geschichten immer wieder hören und sich um keinen Preis etwas anderes einreden lassen will.

Und wo soll ich jetzt hin? Wohin soll ich diese Freude schleppen, die in mir sogar anhält, als hätte man mir persönlich ein Geschenk gemacht, das mich mit einem Mal von einem Berg privater

Sorgen befreit? Ich laufe noch eine Weile ziellos herum, ungerecht gegenüber Innsbruck, das mir jetzt vorkommt wie eine lächerliche Trachtenenklave, die durch Befehle von ganz oben sofort entstaubt werden müsste.

Als ich an einer Seilbahnstation vorbeikomme, wo man in einer ordentlichen Gondel hinauf auf einen dieser jetzt vielleicht menschenleeren Alpengipfel fährt, weiß ich sofort, dass dies das Richtige ist. Eine halbe Stunde später stehe ich in meinen leichten Schuhen oben irgendwo im Schnee. Die Sonne scheint, als wollte sie dieser weißen Leere noch eins draufgeben. Ich habe einen klassischen Blick ins Überallhoch, rundum, genug. Irgendwo wird Südtirol sein, meinetwegen, irgendwo auch das Autobiographische, doch heute komme ich ohne das alles aus.

In der Bergstation verkaufen sie schwarz-rot-goldene Fähnchen, als vertrüge dieses farbige Flimmern sich gut mit dem weißen, einfarbigen Hintergrund.

Das Glück eines historischen Moments 2

Fast ein Jahr nach dem glücklich erlebten Abend des 9. November 1989 hatte sich dieses frische Glück schon gesetzt. Aber es gab ein neues historisches Datum, den 3. Oktober 1990, den Tag der offiziellen »Wiedervereinigung«, von dem ich damals nicht wusste, ob er wirklich ein Glückstag werden würde.

Noch heute verblüfft mich, dass ich eine offizielle Einladung für den großen Staatsakt im Innern der Philharmonie erhalten hatte. Warum ausgerechnet ich? Und wer (von offizieller politischer und damals noch Bonner Seite) hatte wohl diesen Einfall gehabt?

Damals vermutete ich, der 3. Oktober 1990 könnte auch ein relativ fader Tag werden. Lauter festliche, überanstrengte Politikerreden. Viel Gutgemeintes, aber letztlich doch Langweiliges. Ein Tag ohne die große und begeisternde Dynamik des 9. November 1989.

Dass alles ganz anders wurde, hatte damit zu tun, dass ich es nach all den feierlichen Reden, Be-

gegnungen und Sonderbarkeiten am frühen Abend dann mit einem Kirchenlied zu tun bekam, das ich seit der Kindheit gut kannte. Es war wie ein Überfall. Ich hörte dieses Lied, ich sang es am Ende mit, und ich werde nie vergessen, wie der gesamte Gefühlsstau einer jahrzehntelangen Bitterkeit sich plötzlich löste und aufbrach.

Ich stand weinend in einer Kirche, inmitten von vielen anderen Weinenden, es war ein Weinen, dessen man sich nicht schämte, sondern das man als Zeichen einer Überwältigung durch die glückliche Wendung der Geschichte empfand. Erst mit diesem Weinen kamen die Ereignisse seit dem 9. November 1989 wirklich in mir an. Sie schlugen um in ein intensives persönliches Erleben, ich spürte die Befreiung jetzt auch an mir selbst. Und das alles nicht als »stilles Glück«, sondern in Gemeinschaft mit vielen anderen. Als wären wir alle zusammen erst jetzt endgültig einer schrecklichen Katastrophe entkommen, »glücklich«, gerade noch, im letzten möglichen Moment.

Berlin, 3. Oktober 1990

In der Nacht der Wiedervereinigung vor dem Reichstagsgebäude. Es ist ein seltsames Warten, stundenlang, ohne dass die große, sich ununterbrochen erweiternde Menge ungeduldig würde. Dabei stehen alle sehr dicht gedrängt, und auf der Leinwand brechen die Bilder von Kurt Masur, der gerade Beethovens Neunte dirigiert, immer wieder zusammen, als sei das alles zu viel oder auch unnötig.

Käme ein Fremder hinzu, der nichts von den Umständen wüsste, er könnte sich das Ausharren dieser Menge nicht erklären. Am ehesten mag er noch annehmen, alle warteten auf ein Konzert, während die vielen Fahnen an eine Sportveranstaltung erinnern. Es gibt aber keine Sprechchöre, nichts, die Menge hat sich in der Dunkelheit des großen Platzes vor dem angestrahlten Reichstag festgepflanzt, als erwartete sie eine Erscheinung, vorhergesagt, aber unbekannt.

Erst kurz vor Mitternacht sieht man im Scheinwerferlicht die bekannten Gestalten. Sie schieben sich vor dem gelbbraunen Steinkoloss zu einem Bild zusammen, einer Art Riege, die von den einsetzenden Rufen gehalten wird, zu winken und sich erfreut, ja begeistert zu zeigen. Helmut Kohl, Hans-Dietrich Genscher und Willy Brandt – aus ihnen besteht die Mitte der Mannschaft, die sich nach außen in unüberschaubare Pulks verliert. Ah, jetzt winken sie wirklich, ein Medaillenwinken, zufrieden, mit der gelassenen Sicherheit derer, die den Pokal nun doch noch geholt haben.

Die Menge jubelt zurück, aber so, als feierte sie auch ein wenig sich selbst.

Dann schlägt es zwölf, und diese Glockenschläge, dumpf, trocken, ohne Nachhall, lassen alle für einen Augenblick lang erschrecken: Was ist das? Was geschieht? Jeder will es sich vorstellen, aber dann ist der Klang schon verebbt, und der Bundespräsident spricht die beruhigenden Worte, die alles gleich wieder weit wegrücken.

Sekt, überall Sekt und Champagner, jetzt ist Silvester, eine gewisse Erleichterung, dass man den Ritus des feierlichen Sekundenzählens um Mitternacht endlich hinter sich hat.

Und die Menge gibt nach, sie will sich vereinen mit der winkenden Riege, die jetzt vor Ergriffenheit schwankt. Von hinten, aus der Dunkelheit des weiten Platzes, drückt alles nach vorn und die fahnendurchruderte Flut bricht durch die Absperrungen zum Reichstag durch.

Aber es ist schon vorbei. Die Mannschaft oben zieht sich zurück, und alles verteilt sich in die leere Kühle der nahen Anlagen. In Scharen zieht man davon, still, irritiert, weite Wege, bis man, irgendwo plötzlich erwachend, altes Terrain wiedererkennt.

Nach der nächtlichen Volkszeremonie am nächsten Morgen der offizielle Staatsakt. Man wird so oft kontrolliert, dass man seine Karte bald schon freiwillig dem Nächstbesten vorweist, der sie überhaupt nicht sehen will. Es ist ein sonniger, angenehmer, fast warmer Tag, auf dem Kurfürstendamm waren schon in der Früh die Straßencafés gut besetzt.

Hier aber, im Innern der Philharmonie, schlägt diese Wärme plötzlich in eine dichte, atemlos machende Schwüle um, die noch dadurch verstärkt wird, dass man sich unter lauter schwarzen Anzügen bewegt. Der hochrote Kopf von Hans-Jochen Vogel, die weit aufgerissenen Augen von Wolfgang Thierse – von solchen Sekundenbildern wird man in die Zange genommen und eilt zu seinem Platz.

Ein Sich-Verneigen, ein Sich-Verbeugen, die Vision eines Familienfestes, als feierte man hier eine Taufe. Überall gute Laune und jener Humor, der sich sonst nur am späten Abend durchsetzt. Der Herr Bundespräsident! Lachend begleitet er sich selbst in die vorderste Reihe, von allen Seiten die besten Pointen auflesend. Der Herr Bundeskanzler! Er erscheint ein wenig später, unerwartet ernst, mit jenem staatsmännischen Blick, der bei solchen Anlässen oft etwas Weiches bekommt. Und die Ministerpräsidenten der Länder, freudig gestimmte, von der üblichen Erregung getriebene ältere Knaben, von denen die meisten etwas Breites und Porträthaftes haben, als verkörperten sie hier gleich halb Nordrhein-Westfalen oder Eifel und Hunsrück hoch zum Quadrat!

Musik, schwere Musik. Und man glaubt, dass die Türen sich noch einmal öffnen, um die leichten Launen hinausziehen zu lassen. Und man meint, die draußen in den Foyers aufgestaute Schwüle einfallen zu spüren. Und dann ist die volle Feierlichkeit da, keine Taufe, keine Hochzeit, sondern so etwas wie eine Firmung, das Herabflehen des guten Geists der Geschichte auf das vereinte, das nun endlich vereinte, das gegenwärtig in Frieden vereinte Volk. Land. Das souverän gewordene Land. Volk. Das in Frieden und Freiheit gleichsam völlig unauffällig und doch revolutionär zu sich selbst gekommene LandVolk.

Musik, schwere Musik. Dann ist es endlich vorbei.

Unten im Foyer aber stehen jetzt vollkommen folkloristisch gekleidete junge Mecklenburgerinnen hinter ihren ebenso folkloristisch drapierten Ständen mit Mecklenburger Wurst und Schinken, und die bezaubernden jungen Spreewäldlerinnen bieten Spreewaldgurken an, und es gibt Krabben und Lachs von den jungen Fischersfrauen aus Husum, und den scharfen Rettich aus Bayern, und so eilt man, durch die mannshoch geballte Schwüle, von Stand zu Stand, trinkend, essend, ah, der Herr Ministerpräsident, ah, der Herr Bundesratsdirigent, ah, der Nasoetwas, der also auch, eilt, essend, trinkend, durch das ganze, sich mit diesen Schritten vollständig zum Schlaraffenland verklärende Vereinte Demokratenreich, nie hat man geahnt, dass man in einem so schönen Land zu Hause, zu Hause, zu Hause, jetzt, wir sind.

Das ist die eigentliche Überraschung dieses Pfingsttages, dieses Untergrundfoyer der Politik, all diese regionalen Küchen und die urgesund dreinschauenden Mitbürgerinnen mit den Bocksbeuteln, die einen mit ihrem Lachen verfolgen, als sollte man sich bei ihnen einhängen, gleich.

Und so stößt man an, zum wievielten Mal, und gibt der erstbesten Vereinten aus den thüringischen Ländern einen Kuss, dass alle schauen, und, einmal angefangen, küsst man sich durch die Regionen, bis weit, weit hinauf, bis nach Flensburg und Rügen, bis Hiddensee, bis in die letzten Winkel des Landes.

Der Nachmittag gehört endgültig dem Osten Berlins und niemandem als dem Osten. Und es gibt keine Entschuldigungen mehr, und es will auch niemand von uns Freunden jetzt gleich wieder in den Westen zurück, aus fadenscheinigen Gründen. Vielmehr nehmen wir an den östlichen Jahrmärkten gleich östlich des Brandenburger Tores teil und unterhalten uns mit der überwältigten Masse des jetzt mit uns vereinten Ostens, das Einzelschicksal gebührend würdigend und sachlich einordnend.

Es gibt Bier, die Verhältnisse haben sich zu einer schlichten Kirmes entspannt, da können wir mal hineinlauschen, denn das erinnert uns an irgendetwas von früher.

Am frühen Abend bemerke ich einen auffälligen Strom von Menschen, der zur St. Hedwigs-Kathedrale zieht, dort beginnt jetzt ein Gottesdienst, ein katholischer, und da das noch viel stärker an irgendetwas von früher erinnert, lasse ich mich mit hineinziehen und sitze dann unter den Gläubigen, zu denen ein großer Chor singt und ein Apostolischer Nuntius spricht, weiter alles in diesem Vereinigungstonfall, der nichts, aber auch rein gar nichts beschwört.

Schließlich, jetzt ist Abend, jetzt ist auch das wohl zu Ende, als dem betenden Volke erlaubt wird, endlich einmal selbst zu singen, die einfachste Weise, das an diesem Tag überhaupt nur einfachste Denkbare, unisono, ein Lied des großen Paul Gerhardt, mit dem alles da ist, die Kindheit, ja auch, der Trotz gegen das Furchtbare, Kalte der letzten Jahrzehnte, und die verdammte, heutige Hoffnung.

Dieses Lied hat vier Strophen, und man singt es vor dem Hinausgehen.

Nun danket all und bringet Ehr,
ihr Menschen in der Welt,
dem, dessen Lob der Engel Heer
im Himmel stets vermeldt!

Ermuntert euch und singt mit Schall
Gott, unserem höchsten Gut,
der seine Wunder überall
und große Dinge tut!

Inzwischen ist es aber aus mit der Fassung. Herr, hilf! Warum musstest Du einen auch mit diesem Uraltlied überraschen, und warum hast Du neben mich diese hemmungslos weinende Frau hingestellt, der das Taschentuch fehlt, so dass ich mein Taschentuch herauswinden muss, um es ihr in die Hand zu drücken, worüber sie so erschrickt, dass sie das Weinen aufgibt und singt, worüber nun wiederum mir die Tränen kommen, vor lauter Taschentuchwringen.

Er gebe uns ein fröhlich Herz,
erfrische Geist und Sinn,
und werf all Angst, Furcht, Sorg und Schmerz
in Meerestiefen hin!

Er lasse seinen Frieden ruhn
auf unserm Volk und Land;
er gebe Glück zu unserem Tun
und Heil zu allem Stand!

Dann gibst Du Deiner Nachbarin noch einmal die Hand, und ihr geht hinaus.

Draußen fragen Dich die Freunde, wie es war. Und Du kannst es nicht sagen. Du setzt Dich hin und verlierst das Lied nicht mehr aus dem Kopf.

Und noch in der Nacht, als Du Dich auf Deinen einsamen Nachhauseweg in den Westen machst, zu Fuß, weil Du Dich jetzt nicht in einen Bus quetschen willst und erst recht in kein Taxi, hast Du Deine helle Freude an diesen Strophen Paul Gerhardts, vor allem aber an der dritten, diesem ›gebe uns ein fröhlich Herz‹ und mehr noch dem ›erfrische Geist und Sinn‹ und erst recht an ›all Angst, Furcht, Sorg und Schmerz in Meerestiefen hin‹. ›In Meerestiefen‹, genau, dafür könntest Du jetzt auch Paul Gerhardt küssen, wegen dieses lyrisch gewaltigen Bildes. Aber heute hast Du ja Deine Stimme, am Ende des Gottesdienstes hast Du sie herausgelassen, so laut, dass es Dich selber erschreckte, aber dann konntest Du sie nicht wieder zurücknehmen, ohne dass so etwas als ein Beigeben ausgelegt worden wäre. Und warum denn auch beigeben? Jetzt nur weiter mit dieser Stimme, den halben Weg durch die Stadt: ›und werf all Angst, Furcht, Sorg und Schmerz in Meerestiefen hin.‹

Um Mitternacht erreicht er sein Quartier in der Nähe des Kurfürstendamms, zuletzt kommt er noch am ›Kempinski‹ vorbei. Auch das Foyer des ›Kempinski‹ strahlt noch wie der erleuchtete Reichstag, und wie in den Fenstern des Reichstags huschen die dunkel gekleideten Herren auch hier hin und her.

Er will noch einen Nightcap nehmen, ein Glas Whisky, jetzt, ganz zum Schluss, unter den dunkel gekleideten Herren. Er irrt einen Moment noch herum, hier ist abgesperrt, dort, dann findet er plötzlich doch einen Platz an einer Bar, ganz überraschend, ja, er ist sogar der einzige Gast an der Bar.

Doch als er sich nach dem Kellner umwendet, steht vor ihm der Bundeskanzler. ›Wo kommen Sie denn her?‹, fragt Helmut Kohl, freundlich und weich, wie es in den späten Nachtstunden so seine Art ist.

Und er antwortet, da ihn Helmut Kohl anscheinend im aufgeschreckten Unterbewusstsein noch immer an Mainz erinnert, wo er ihn früher häufig gesehen, in den Altstadtgassen der Stadt, als Ministerpräsident, Pfeife rauchend, mit jenem unruhigen Blick, der zugab, noch nicht auf dem richtigen Gesellschaftsplatz angekommen zu sein: ›Ich komme aus Mainz!‹

Da schaut ihn der Kanzler so an, als käme auch ihm jetzt die Erinnerung. Und er bestellt zwei Gläser ›Deinhard Rosé‹, und die trinken sie dann, auf Mainz, auf Paul Gerhardt, auf die tiefsten, fernsten Meerestiefen!

Das Glück des Ankommens

Fast die Hälfte des Jahres bin ich unterwegs. Um zu unterrichten, vorzulesen, Vorträge zu halten. Ich mag das Unterwegssein nicht. Wenn ich in Detmold frühabends allein in einem Hotelzimmer sitze und auf die abendliche Lesung warte, empfinde ich diesen Moment als absurd. Was soll das? Was suche ich in Detmold? Auf solchen eher geschäftlichen, letztlich aber eben doch nicht geschäftlichen Reisen immerzu allein unterwegs zu sein, kann Depressionen auslösen. Gibt es ein Glück auf solchen Reisen? Sehr sehr selten und nur in ganz unerwarteten und nicht herbeiführbaren Momenten.

Dafür ist das Ankommen fast immer ein Glück. Wenn die Reise hinter mir liegt und ich mich dem Zuhause näher fühle, spüre ich oft dieses Glück des Ankommens. Nicht mehr zurückdenken! Sich auf den Moment des Ankommens freuen! Den ganzen Abend lang all das Erlebte abschütteln und sofort wieder vergessen!

Die letzte Strecke des Wegs nach Hause lege ich meist zu Fuß zurück, auch wenn ich Koffer und Taschen zu schleppen habe. Ich nähere mich dem Wohnhaus wie einer, der von einer weiten, beruhigenden und schützenden Landschaft aufgenommen wird. Mitten in einer deutschen Großstadt tut sich diese Oase auf.

Fast jedes Mal lässt mich das erstaunen: Ist das Dein Ernst? Lebst Du wirklich hier? Wie hast Du ausgerechnet hierhergefunden, in diesen menschenleeren und doch menschennahen Winkel? Dann aber, schließlich, ist auch dieses Fragen vorbei. Ich komme an, ich komme wirklich zu Hause an. (Irgendwann, denke ich in solchen Momenten, werde ich nicht mehr verreisen. Nie mehr. Versprochen.)

Er kommt spät nach Haus, tief in der Nacht. Ein Taxi hat ihn hinaufgefahren, jetzt steigt er aus und geht das letzte Stück zu Fuß. Das Dunkel des Paradiesweges öffnet sich langsam, die Wärme der Stadtatmosphären weicht vorübergehend, kurz, einer atmenden, stehenden Kühle. Allmählich gewöhnen die Augen sich an das Wegstück. Die Trockenmauer zur Rechten, die Gärten mit den bald wieder in Blüte stehenden Obstbäumen links. Die kleinen Törchen, mit den manchmal im Wind schlagenden Ketten. Äste streifen ihn, der Weg verläuft beinahe schnurgerade, in halber Höhe, über der Stadt, deren Lichter nun unten im Tal überall aufflackern, eine glimmende Wabe.

Er trägt seine schwere Tasche in der Rechten, wie meist, wenn er von einer kurzen Reise zurückkehrt. Schon beim Eintritt in den Paradiesweg, wenn das Dunkel sich auftut und die Kühle sich wie ein dichtes Netz nach ihm auswirft, hat er die letzten Tage vergessen. Er riecht die in den Gärten gerade umgegrabene Erde, dann, nach wenigen hundert Metern, wird die Kühle allmählich matter, und der Dunst aus den höher gelegenen Landschaften rückt näher. Zypressen, Eiben und Thujen, schwere, hoch aufragende Gewächse aus reinem Nachtschwarz.

Er ist jetzt von niemandem mehr zu erkennen. Das Dunkel seiner Kleidung hat sich verloren im Dunkel des Weges. Er geht langsamer, als wollte er die Minuten bis zu seiner Ankunft noch etwas strecken. Dieses nächtliche Gehen macht ihn jedes Mal vollkommen ruhig. Es ist, als übernähmen die Atmosphären für eine Weile die Führung. Von überall drängt sich das auf, der rasche Wechsel der Temperaturen, der plötzliche Einbruch von steinerner

Kälte, das weiche Atmen von Pflanzen, der Duft von Erde und Gras.

Manchmal ist er verführt, lange still zu stehen, jetzt. Er könnte auf einer der kleinen Bänke Platz nehmen, auf denen tagsüber die Spaziergänger sitzen. Aber diese Bänke sind nichts für ihn, auch das Stehenbleiben kommt nicht in Frage. Er ist einer, der den Paradiesweg nun durchreist, in einem Stück, zügig, wie einen Tunnel, an dessen Ende sich das erwartete Ziel endlich auftut.

Daher unterbricht er sein Gehen nicht einmal. Er wechselt die schwere Tasche sogar ohne innezuhalten. Jetzt, die letzten Meter, trägt er sie in der Linken. Die Rechte rudert im Dunkel, auf und ab, die Rechte hat etwas Übermütiges, als schlüge sie den Takt zu einem unhörbaren Gesang.

Dann kommt er an. Das kleine Tor, und unten das Haus mit den erleuchteten Fenstern. Er muss hinschauen, und wieder ist da die Verführung, dieses Bild zu betrachten. Er gibt sich einen Ruck, um vor diesem Bild nicht zu erstarren. Er öffnet das Tor, setzt die Tasche einen Moment ab, schließt das Tor und geht die vielen Stufen hinunter.

Er geht den Hang in kleinen Serpentinen hinab, erst das Schlussstück ist eine lange Gerade. Die zurückgeschnittenen Robinien. Die lange Eibenreihe. Der Lorbeer, schon beinahe mannshoch.

Jetzt steht er ganz unten, neben der einzelnen, hochaufragenden Fichte, die man vom Tal aus wie einen Wegweiser sieht. Er streicht kurz um die Mauern, wie eine Katze, die das Terrain prüft. Er schaut einen Moment durch ein Fenster.

Dann schließt er die Tür auf und tritt ein. Er ist jetzt zu Haus, er ist angekommen zu Haus.

Quellenverzeichnis

Das Glück der Ankunft, aus: Die Erfindung des Lebens, München 2009, S. 9–15

Das Glück des frühen Abends, aus: Die Erfindung des Lebens, S. 32–37

Das Glück eines Sonntagmorgens, aus: Die Erfindung des Lebens, S. 56–63

Das Glück des Aufbruchs 1, aus: Die Moselreise, München 2010, S. 39–43

Das Glück des Aufbruchs 2: aus: Fermer, München 2007, S. 9–14

Das Glück der ersten Weinprobe, aus: Die Moselreise, S. 119–121

Das Glück eines französischen Menüs, aus: Die Berlinreise, München 2014, S. 102–107

Das Glück des Kochens, aus: Tafelrunde. Schriftsteller kochen für ihre Freunde. Hrsg. von Angelika Overath, Manfred Koch, Silvia Overath. München 2012, S. 50–62

Frühes römisches Glück 1, aus: Die Erfindung des Lebens, S. 447–457

Frühes römisches Glück 2, aus: Die weißen Inseln der Zeit, München 2013, S. 83–91

Venezianisches Glück 1: Die weißen Inseln der Zeit, S. 107–120

Venezianisches Glück 2: Die weißen Inseln der Zeit, S. 102–106

Das Glück der abseitigen Zonen, aus: Lo und Lu, München 2013, S. 86–95

Das Glück der Liebesszene 1, aus: Liebesnähe, München 2011, S. 26–30

Das Glück der Liebesszene 2, aus: Die große Liebe, München 2009, S. 72–87

Das Glück der Liebesszene 3, aus: Das Verlangen nach Liebe, München 2009, S. 5–15

Das Glück eines historischen Moments 1, aus: Blauer Weg, München 2014, S. 78–84

Das Glück eines historischen Moments 2, aus: Blauer Weg, S. 149–157

Das Glück des Ankommens, aus: Blauer Weg, S. 584–586

Inhaltsverzeichnis

MIX
Papier aus verantwortungsvollen Quellen
FSC® C013736

Verlagsgruppe Random House FSC® N001967
Das für dieses Buch verwendete FSC®-zertifizierte Papier
Lux Cream liefert Stora Enso, Finnland.

1. Auflage
Originalausgabe November 2015,

Umschlaggestaltung: semper smile
unter Verwendung eines Motivs von © plainpicture/Tim Robinson
Satz: Uhl + Massopust, Aalen
Druck und Einband: Kösel, Krugzell
KS · Herstellung: BB
Printed in Germany
ISBN 978-3-442-73978-3

www.btb-verlag.de